WERNER SCHULTE

Schadensersatz in Geld für Entbehrungen

Schriften zum Bürgerlichen Recht

Band 46

Schadensersatz in Geld für Entbehrungen

Die Entwicklungslinien der Rechtsprechung und ihre
dogmatischen Grundlagen

Von

Dr. Werner Schulte

DUNCKER & HUMBLOT / BERLIN

Alle Rechte vorbehalten
© 1978 Duncker & Humblot, Berlin 41
Gedruckt 1978 bei Buchdruckerei Bruno Luck, Berlin 65
Printed in Germany
ISBN 3 428 04122 4

Meinen Eltern

Die Verfasser des Entwurfs, dies ist unsere Überzeugung, haben sich trotz der schematischen Anlage des im Entwurf dargebotenen Schadensrechtes eine selbstdenkende Praxis als Ausführungsorgan gedacht. Jedenfalls haben sie der Praxis eine Aufgabe überlassen, deren Lösung die schematischen Bestimmungen des Entwurfs, einschließlich des § 219 von sich aus nicht erbringen: die Abgrenzung zwischen Schadens- und Rechtsverfolgung: eine Abgrenzung, durch welche sich erst bestimmt: wo der von dem Entwurf sogenannte „Schadensersatz" im Gegensatz einfacher Rechtsverwirklichung beginnt und wo er endet.

Degenkolb,
Der spezifische Inhalt des Schadensersatzes,
AcP 76 (1890), 1, 88

Vorwort

Diese Abhandlung hat dem Fachbereich Rechts- und Wirtschaftswissenschaften der Johannes Gutenberg-Universität Mainz im Sommersemester 1977 als rechtswissenschaftliche Dissertation vorgelegen; Literatur und Rechtsprechung wurden bis August 1977 berücksichtigt.

Besonderen Dank schulde ich Herrn Prof. Dr. *Arndt Teichmann*, der von der Themenwahl bis zur Fertigstellung die Arbeit betreut und durch vielfältige Anregungen unterstützt hat. Danken möchte ich an dieser Stelle auch Herrn Ministerialrat a. D. Prof. Dr. *Johannes Broermann* für die Aufnahme der Schrift in sein Verlagsprogramm.

Mainz, im Januar 1978

Werner Schulte

Inhaltsübersicht

Einleitung 17

Erster Teil

Die Rechtsprechung zum Nutzungsausfall bei Kraftfahrzeugen   20

A. Bericht über Entwicklung und Stand der Rechtsprechung 20

    I. Die Anfänge der Gewährung einer Nutzungsausfalls-Entschädigung bei einzelnen Gerichten 20

    II. Die Stellungnahme des Bundesgerichtshofes und ihre Resonanz .. 21

    III. Die Festigung und Ausprägung der Rechtsprechung 22

        1. Die Höhe der gewährten Entschädigung in Geld 22

        2. Das Erfordernis der „Fühlbarkeit" der Gebrauchsentbehrung 23

        3. Die Versagung einer Entschädigung in Geld für Komfortverlust 24

    IV. Zusammenfassung 25

B. Analyse — der Vermögensschaden in der Rechtsprechung zum Nutzungsausfall des Kraftfahrzeuges 25

    I. Die Lehre vom objektiven Schaden, die über den Ausgleich hinausgehende Funktion zivilrechtlichen Schadensersatzes und der „normative" Schadensbegriff 26

        1. Die Lehre vom objektiven Schaden 27

        2. Die Buß-, Vergeltungs-, Straf- und Abschreckungsfunktion des Schadensersatzes 30

        3. Der „normative" Schadensbegriff 33

II. Die abstrakte, pauschalierte, auf hypothetischer Basis mögliche Schadensberechnung 37

    1. Der „abstrakte" als „normativer" Schaden 38

    2. „Abstrakte" Schadensberechnung gemäß § 252 BGB 38

    3. „Abstrakte Schadensberechnung" im Sinne von Pauschalbeträgen als Mindestschadensersatz 39

    4. Die Schadensberechnung auf hypothetischer Grundlage 40

    5. Zusammenfassung 41

III. Die „Frustrierungs"-Lehre 42

    1. Die Beurteilung fehlgeschlagener Aufwendungen als Schaden .. 42

    2. Die Gleichsetzung von fehlgeschlagenen Aufwendungen und Schaden zur Beurteilung des Ausfalls der Nutzbarkeit des Kraftwagens 43

IV. Der Bedarf als Vermögensschaden 45

V. Der „Kommerzialisierungs"-Gedanke, die Berücksichtigung des „Erkaufens" der Annehmlichkeit sowie der Verkehrsauffassung .. 48

    1. Die Betonung des „Erkaufens" der entbehrten Annehmlichkeit 48

    2. Der „Kommerzialisierungs"-Gedanke 49

    3. Die Berücksichtigung der Verkehrsauffassung 51

VI. Zusammenfassung der Analyse der Rechtsprechung zur Entschädigung für entbehrte Fahrzeugnutzung 53

Zweiter Teil

Die Rechtsprechung zur Entschädigung in Geld für Ausfall oder Beeinträchtigung im Gebrauch anderer Sachen   55

A. Die entbehrte Gebrauchsmöglichkeit beweglicher Sachen 55

    I. Tonbandgerät 55

    II. Privatboote 56

    III. Pelzmantel 59

Inhaltsübersicht 13

B. Die entbehrte oder beeinträchtigte Nutzung unbeweglicher Sachen .. 61

C. Zusammenfassung 67

Dritter Teil

Die Rechtsprechung zur Entschädigung in Geld für entgangene Urlaubsfreude, Freizeitverlust und Arbeitsausfall 69

A. Der ganz oder teilweise entgangene Urlaubsgenuß 69

    I. Die ganz oder teilweise „vergeudeten" Geldmittel zur Urlaubsgestaltung 70

    II. Die Entschädigung in Geld für vertane Urlaubszeit 73

B. Der Verlust von Freizeit 78

C. Zusammenfassung der Urlaubs- und Freizeitproblematik 79

D. Der Arbeitsausfall 83

    I. Der Ausfall der eigenen Arbeitsleistung 84

    II. Die Vorenthaltung fremder Arbeitsleistung 88

Vierter Teil

Wertung und Ausblick 93

Fünfter Teil

Eigener Vorschlag zur Abgeltung von Entbehrungen durch Entschädigung in Geld 98

A. Die Funktion des zivilrechtlichen Schadensersatzes 98

B. Grundlegung, Schaden entspricht dem Entgelt für die Einverständniserklärung mit den Folgen des Schadensereignisses 101

   I. Die Schadensermittlung 101

  II. Die Stellung der Berechnungsart im Schadensrecht, Kritik des Vorschlags 104

 III. Der Inhalt der auf das Subjekt ausgerichteten Ersatzpflicht 106

  IV. Die Grenzen der Anwendbarkeit dieser Schadensberechnungsart 113

    1. Die Objektbezogenheit des Eingriffs 113

    2. Der Ausschluß dieser Schadensberechnung bei vertraglichen Ansprüchen 116

       a) Die Rechtsnatur absoluter Rechte 116

       b) Der Inhalt schuldrechtlicher Ansprüche auf ordnungsgemäße Abwicklung einer bestehenden Sonderverbindung .. 117

       c) Die Verwirklichung des Gläubigerinteresses am Leistungserfolg im Rahmen der vertraglichen Sonderbeziehung 118

Zusammenfassung in Thesen 123

Literaturverzeichnis 124

Anhang
Verzeichnis der wichtigsten erörterten Entscheidungen 131

Abkürzungsverzeichnis

AbR	Archiv für bürgerliches Recht
AcP	Archiv für die zivilistische Praxis
AG	Amtsgericht
AP	Arbeitsrechtliche Praxis
AT	Allgemeiner Teil
AZO	Arbeitszeitordnung
BAG	Bundesarbeitsgericht
Bay ObLG	Bayerisches Oberstes Landesgericht
BB	Der Betriebs-Berater
BGB	Bürgerliches Gesetzbuch
BGH	Bundesgerichtshof
BGHZ	Entscheidungen des Bundesgerichtshofes in Zivilsachen
BUrlG	Bundesurlaubsgesetz
DAR	Deutsches Autorecht
DB	Der Betrieb
Diss.	Dissertation
DJT	Deutscher Juristentag
DRiZ	Deutsche Richterzeitung
FamRZ	Zeitschrift für das gesamte Familienrecht
Gruch Beitr.	Gruchots Beiträge zur Erläuterung des deutschen Rechts
GRUR	Gewerblicher Rechtsschutz und Urheberrecht
HansOLG	Hanseatisches Oberlandesgericht
JherJahrb.	Jherings Jahrbücher für die Dogmatik des bürgerlichen Rechts
JR	Juristische Rundschau
JuS	Juristische Schulung
JZ	Juristenzeitung
KG	Kammergericht
KritVJSchrift	Kritische Vierteljahresschrift für Gesetzgebung und Rechtswissenschaft
LAG	Landesarbeitsgericht
LG	Landgericht
LM	Lindenmaier-Möhring, Nachschlagewerk des Bundesgerichtshofs in Zivilsachen
MDR	Monatsschrift für Deutsches Recht
NJW	Neue Juristische Wochenschrift
OLG	Oberlandesgericht
OLGZ	Entscheidungen der Oberlandesgerichte in Zivilsachen
RG	Reichsgericht
RGZ	Entscheidungen des Reichsgerichts in Zivilsachen
SAE	Sammlung arbeitsrechtlicher Entscheidungen
SchlHA	Schleswig-Holsteinische Anzeigen

SJZ	Süddeutsche Juristenzeitung
Soergel Rspr.	Soergel Rechtsprechung
VersR	Versicherungsrecht
Vorbem.	Vorbemerkung
VRS	Verkehrsrechtssammlung
Warn Rspr.	Warneyer, Die Rechtsprechung des Reichsgerichts
ZHR	Zeitschrift für das gesamte Handelsrecht und Konkursrecht
ZPO	Zivilprozeßordnung

Einleitung

Die Ausgestaltung der Verpflichtung zum Schadensersatz spielt innerhalb des Zivilrechts eine bedeutsame Rolle. Das Bürgerliche Gesetzbuch enthält eine große Zahl von Vorschriften, in denen die Voraussetzungen festgelegt sind, unter denen ein Rechtssubjekt von einem anderen Schadensersatz zu fordern berechtigt ist. Das Ereignis, auf das das Gesetz mit der Gewährung des Anspruches auf Schadensersatz reagiert (Rechtsvoraussetzungen), kann mannigfaltiger Art sein; der Schuldner mag schuldhaft oder schuldlos Rechtsgüter des Gläubigers verletzt, er mag einen Vertrauenstatbestand geschaffen haben, an dem er sich festhalten lassen muß, oder er mag eingegangenen vertraglichen Verpflichtungen nicht nachgekommen sein. So wie der Gesetzgeber bei der Festlegung von Haftungstatbeständen aus einem weiten Feld unterschiedlicher Anknüpfungspunkte (woraus rechtfertigt sich die Verpflichtung zum Schadensersatz?) auszuwählen hat, so sind auch bei dem nächsten Schritt, der Ausgestaltung des einmal gewährten Anspruchs nämlich, verschiedene Wege gangbar: Geht man davon aus, es solle einzig die bei dem Geschädigten gerissene Lücke gefüllt, der tatsächliche und noch vorhandene Fehlbestand ausgeglichen werden, so bemißt sich der Umfang des zu leistenden Schadensersatzes nach der von dem Gläubiger wirklich erlittenen Einbuße. Es ist aber auch möglich, den Schaden, den es zur Feststellung des Inhalts der Verpflichtung des Schuldners zu ermitteln gilt, als das Ergebnis einer Wertung zu begreifen. Dabei kommt es beispielsweise nicht allein darauf an, welchen Verlust der Gläubiger erlitten hat, sondern es gilt, zugleich andere dem Schadensrecht zuerkannte Zwecke wie Sanktion (Schadensersatzverpflichtung als Ausdruck der Mißbilligung der Rechtsverletzung), Prävention, Buße, Strafe oder Vergeltung (Ahndung des schädigenden Verhaltens durch Auferlegung der Schadensersatzpflicht) zu verwirklichen. Maßgeblich für das Ausmaß der Verpflichtung des Schädigers sind dann nicht mehr nur die wirklichen Folgen des Schadensereignisses für den Betroffenen, sondern von Bedeutung ist z. B. sodann auch die Intensität der Rechtsverletzung selbst oder das Gewicht des schädigenden Verhaltens, weil der dem Betroffenen gewährte Schadensersatzanspruch darauf angemessen reagieren soll.

Das Bürgerliche Gesetzbuch enthält in den §§ 249 - 254 Vorschriften über die Ausgestaltung der an anderen Stellen angeordneten Verpflichtungen zum Schadensersatz. Eine wesentliche Bedeutung hat unter diesen der § 253, wonach für Nichtvermögensschäden lediglich in den gesetzlich geregelten Fällen eine Entschädigung in Geld verlangt werden kann. Die damit ausgesprochene Begrenzung der Verpflichtung zum Schadensersatz ist insofern problematisch, als sie die Unterscheidung zwischen Vermögensschäden und anderen Schäden voraussetzt; denn nur für letztgenannte ist die Entschädigung in Geld grundsätzlich ausgeschlossen. Der Umfang des Anspruchs des Gläubigers — und damit auch das Ausmaß der Verpflichtung des Schuldners — hängen in den hier interessierenden Fällen von der Rechtsnatur des Schadens ab. Damit äußern sich die eingangs erwähnten unterschiedlichen Verständnisweisen vom Zweck zivilrechtlichen Schadensersatzes unter einem anderen Etikett, nämlich dem des Begriffs des Vermögensschadens; mit der Vorschrift des § 253 BGB ist nämlich über den Umfang der Verpflichtung des Schädigers noch nicht entschieden, weil das Gesetz keine ausdrückliche Definition des Vermögensschadens enthält. Somit stellt sich hier wiederum der Konflikt zwischen dem Ausgleichs-, dem Sanktions- und dem Buß-, Straf- oder Vergeltungsgedanken ein, der sich an der Fragestellung verdeutlichen läßt: Kann Vermögensschaden nur das sein, was der Betroffene tatsächlich infolge des Schadensereignisses an Vermögen eingebüßt hat, oder kann etwas als Vermögensschaden gelten, weil ein solcher hätte eintreten können, weil sonst der Schuldner durch § 253 BGB unbillig entlastet würde, oder weil andernfalls die Mißbilligung der Rechtsverletzung nicht hinreichend zum Ausdruck käme?

Der Gesetzgeber hat durch die unterschiedliche Regelung der Entschädigung für Vermögens- und Nichtvermögensschäden eine Abgrenzung notwendig gemacht, diese Aufgabe jedoch nicht selbst gelöst, sondern dies Rechtsprechung und Lehre überantwortet.

Hiermit, mit der Grenzziehung zwischen Vermögens- und anderen Schäden durch die Rechtsprechung befaßt sich diese Arbeit. Dabei ist es nicht das Bestreben, eine Aufstellung der einschlägigen Entscheidungen anzufertigen, um auf diesem Wege ein Nachschlagewerk mit umfangreicher Kasuistik zu schaffen; es soll vielmehr die auf lebhafte Resonanz gestoßene Judikatur zur Entschädigung in Geld für die entbehrte Nutzungsmöglichkeit des Kraftfahrzeuges zum Ausgangspunkt gewählt werden, um zunächst sie, sodann die daran anknüpfenden Urteile anhand der in den Entscheidungsgründen angeführten Argumentation auf das dort vorzufindende Verständnis vom Begriff des Vermögensschadens hin zu untersuchen. Das methodische Instrumentarium, dessen sich die Judikatur bedient hat, gilt es, über den Einzelfall hinaus als Kriterium der Abgrenzung innerhalb des Schadensrechts genauer zu untersuchen und die zu analysierende Rechtsprechung an ihm zu messen. Daraus ergibt sich weiterhin die — wahrzunehmende — Möglichkeit, die „Dynamik" eines mehr als zwanzig Jahre währenden Entwicklungsprozesses mit seinen Weichenstellungen, Ausweitungen und Einschränkungen zu erfassen und zu reflektieren. Damit soll sodann auch die Antwort auf die Frage erbracht werden, auf welche Zwecke der zivilrechtliche Schadensersatz bei den einzelnen Überlegungen ausgerichtet wird, welches Gewicht nämlich der Gedanke des Ausgleichs der von dem betroffenen Individuum erlittenen Einbuße behält gegenüber dem Bestreben, auch die Situation des Schädigers, sowie die Schwere der Verletzung zu berücksichtigen.

Erster Teil

Die Rechtsprechung zum Nutzungsausfall bei Kraftfahrzeugen

Ausgangspunkt der Untersuchung ist die Judikatur zur Geldentschädigung für den Gebrauchsausfall des Kraftfahrzeuges; diese soll daher in ihrer Entwicklung dargestellt und sodann analysiert werden.

A. Bericht über Entwicklung und Stand der Rechtsprechung

Vermochte *Steindorff* im Jahre 1958 noch im Einklang mit der völlig einmütigen Gerichtspraxis auszuführen, nach dem Recht des BGB führe die Gebrauchskarenz eines Kraftfahrzeuges infolge einer erforderlich gewordenen Reparatur nur dann zu einem Schadensersatzanspruch, wenn der Verletzte einen Ersatzwagen gemietet oder in anderer Weise nachgewiesen habe, daß ihm der Nutzungsentzug gerade in der bestimmten Zeit einen Schaden[1] zugefügt habe[2], bei der Beeinträchtigung von Sachen könnten zwar die Kosten für die Miete eines Ersatzes konkret als Schadensersatz berechnet werden, hingegen gebe es keine abstrakte Liquidation[3,4], so fand diese Auffassung bald darauf Widerspruch.

I. Die Anfänge der Gewährung einer Nutzungsausfalls-Entschädigung bei einzelnen Gerichten

Aus unterschiedlichen Gründen nämlich erachteten verschiedene Instanzgerichte es als einen von der Entschädigungspflicht in Geld durch § 253 BGB nicht ausgenommenen Vermögensschaden, daß infolge der durch einen Verkehrsunfall erforderlich gewordenen Reparatur das Kraftfahrzeug des Schadensersatzgläubigers von ihm zeitweilig nicht benutzt werden konnte, obwohl weder Kosten zur Ersatzbeschaffung (Mietwagen, Taxi usw.) entstanden waren, noch Gewinnentgang nachgewiesen wurde. Teils verwies man in diesen Urteilen auf eine gewan-

---

[1] Gemeint ist ein Vermögensschaden im Sinne eines im Hinblick auf § 252 Satz 2 BGB hinreichend wahrscheinlichen Gewinnentgangs.
[2] *Steindorff*, AcP 158, 431, 458.
[3] *Steindorff*, AcP 158, 431, 457.
[4] Unter „abstrakter Schadensberechnung" versteht *Steindorff* die Gewährung von Schadensersatz ohne Rücksicht auf die tatsächliche Entstehung eines Schadens, vgl. *Mertens*, Der Begriff, S. 76 mit Fußn. 76.

delte Verkehrsauffassung[5], teils sprach man — im Anschluß an die „Seereise"-Entscheidung des Bundesgerichtshofs[6] — das Ausbleiben einer in aller Regel nur durch entsprechende Vermögensaufwendungen zu erkaufenden, in gewisser Weise kommerzialisierten Nutznießung als Vermögensschaden an[7]; auch wurde angeführt, das Halten eines Kraftfahrzeuges verursache Kosten, die nunmehr ganz oder teilweise ihren Zweck verfehlt hätten[8]. Überwiegend jedoch traf diese Rechtsprechung bei anderen Gerichten auf zunächst ablehnende Resonanz[9]. Die Literatur war geteilter Auffassung[10].

II. Die Stellungnahme des Bundesgerichtshofes und ihre Resonanz

Am 30. 9. 1963 ergingen zwei Entscheidungen des 3. Zivilsenats des Bundesgerichtshofes, worin die zeitweilige Nichtnutzbarkeit eines Kraftfahrzeuges als Vermögensschaden anerkannt und den Klägern Entschädigung in Geld für die Gebrauchskarenz zugesprochen wurden[11]. Der 6. Zivilsenat des Bundesgerichtshofes stimmte der Rechtsprechung des 3. Senats am 15. 4. 1966 in zwei Urteilen zu[12]. Hatte der 3. Senat den Anspruch gemäß § 250 BGB (eine Fristsetzung sei entbehrlich) für begründet erachtet[13], so stützte der 6. Senat die Entschädigungspflicht auf § 251 BGB[14].

Diese höchstrichterliche Rechtsprechung traf bei den Zivilgerichten der unteren Instanzen wiederum sowohl auf Zustimmung[15] als auch auf

---

[5] AG München, DAR 1960, 288; ablehnend dazu *Maase*, VersR 1961, 394, 395.
[6] BGH, NJW 1956, 1234.
[7] OLG München, NJW 1962, 2205, 2207; OLG München, DAR 1963, 129; OLG München, VersR 1964, 932; LG Dortmund, MDR 1964, 145; zustimmend: *von Nitzsch*, DAR 1964, 154, 156; *R. Weimar*, VersR 1962, 400, 402; ablehnend: *H. W. Schmidt*, NJW 1962, 2205, 2206.
[8] OLG München, NJW 1962, 2205, 2207; LG Dortmund, MDR 1964, 145; AG Bonn, NJW 1963, 2173, 2174.
[9] OLG Hamm, NJW 1962, 2205; OLG Bremen, VersR 1964, 760; LG München I, DAR 1961, 195; LG Heidelberg, BB 1964, 100; LG Kassel, VersR 1964, 199; LG Itzehoe, VersR 1964, 760.
[10] Für die Annahme eines Vermögensschadens: *Kaduk*, VersR 1963, 1007 f.; *Löwe*, VersR 1963, 307 ff.; *von Nitzsch*, DAR 1964, 154, 156; *R. Weimar*, VersR 1962, 400, 402; ebenso bereits vor der ersten Entscheidung *Niederländer*, JZ 1960, 617, 620; im Grunde zustimmend auch *Zeuner*, AcP 163, 380, 397; unentschieden: *Stoll*, Gutachten, S. 137, Fußn. 642 u. a. gegen die Annahme eines Vermögensschadens: *Heyse*, VersR 1963, 25 f.; *Maase*, VersR 1961, 394 ff.; *H. W. Schmidt*, NJW 1962, 2205 f.; *W. Weimar*, VersR 1961, 587 f.; eine Gegenüberstellung der Argumente für und wider findet sich im Tagungsbericht *Wiedemanns*, AcP 163, 424, 426 f.
[11] BGHZ 40, 345 ff. und BGH, NJW 1964, 717 f.; in der letztgenannten Entscheidung wurden dem Kläger antragsgemäß lediglich die anteiligen Kosten für Steuer und Versicherung als Entschädigung zugebilligt.
[12] BGHZ 45, 212 ff. und BGH, VersR 1966, 546 f.
[13] BGHZ 40, 345, 352.
[14] BGHZ 45, 212, 221.

Ablehnung[16], so daß es oftmals von der Besetzung des zur Entscheidung berufenen Gerichts abhing, ob eine Entschädigung in Geld für den Nutzungsausfall gewährt wurde[17].

III. Die Festigung und Ausprägung der Rechtsprechung

Heute wird die Rechtsprechung zur Entschädigung für den Nutzungsausfall eines Kraftfahrzeuges vom Bundesgerichtshof selbst als gefestigt bezeichnet[18], er hat sie in vielen Entscheidungen bestätigt[19]. Die Amts-, Land- und Oberlandesgerichte verweigern der anfangs kritisch aufgenommenen Auffassung des Bundesgerichtshofes[20] nicht mehr die Gefolgschaft; ablehnende Stellungnahmen finden sich allenfalls in Randbemerkungen der zu anderen Fragen aus dem Bereich des § 253 BGB ergangenen Entscheidungen[21].

Ein Urteil aus neuerer Zeit, das unter offener Abkehr von der Meinung des Bundesgerichtshofes die Nichtnutzbarkeit des Kraftfahrzeuges als immateriellen Schaden bewertet und deshalb eine Entschädigung in Geld aufgrund von § 253 BGB verweigert hat, ist nicht bekannt geworden.

1. Die Höhe der gewährten Entschädigung in Geld

Gefestigt ist mittlerweile auch die Höhe des als Entschädigung gewährten Geldbetrags. Sie entspricht weder den Mietkosten eines — tatsächlich nicht in Anspruch genommenen — gleichwertigen Ersatzfahrzeugs abzüglich ersparter Unkosten für den ausgefallenen eigenen Wagen[22], noch den gebrauchsunabhängigen Generalunkosten (Steuern, Versicherung, Aufwendungen für Pflege und Instandhaltung, Abschreibung sowie angemessene Kapitalverzinsung) für die Fahrzeughaltung bezogen auf den Zeitraum der Gebrauchsentbehrung[23]: Der zuge-

---

15 KG, DAR 1965, 298; OLG Hamm, MDR 1965, 573; OLG Celle, VRS 30, 321; KG, NJW 1966, 2167; OLG Schleswig, VersR 1967, 68; LG Berlin, VersR 1965, 95; LG Düsseldorf, VersR 1965, 1211 (der Kläger war infolge einer Körperverletzung nicht in der Lage, sein Kraftfahrzeug zu gebrauchen); LG Düsseldorf, VersR 1966, 1090.
16 OLG Celle, VersR 1964, 1272; LG Düsseldorf, VersR 1965, 348; LG Kassel, VersR 1965, 910; LG Koblenz, VersR 1966, 43.
17 Ein deutliches Beispiel ist die unterschiedliche Resonanz beim AG Hannover: Die 2. Zivilabteilung lehnte eine Nutzungsentschädigung ab — VersR 1967, 168; die 3. Zivilabteilung hingegen gewährte sie — VersR 1967, 46.
18 BGHZ 63, 393, 396; BGH, NJW 1976, 1630.
19 Vgl.: BGH, MDR 1967, 294; BGH, NJW 1969, 1477; BGH, NJW 1970, 1120; BGHZ 56, 214; BGH, NJW 1974, 33; BGH, NJW 1974, 91, 94; BGH, NJW 1975, 922.
20 Vgl. oben Fußn. 9, 16.
21 Vgl. OLG Düsseldorf, NJW 1973, 659, 660.
22 Der Abzug beträgt 15 - 20 %, vgl.: BGH, NJW 1970, 1120; OLG Saarbrücken, VersR 1975, 1132; LG Nürnberg-Fürth, VersR 1974, 507.

sprochene Schadensersatz in Geld liegt seinem Betrage nach zwischen den aufgrund der angeführten Berechnungsarten sich ergebenden Geldsummen und orientiert sich an beiden[24]; es wird ein die gebrauchsunabhängigen Gemeinkosten maßvoll übersteigender Tagessatz in Ansatz gebracht[25], der bei etwa 25 - 35 % der Mietkosten eines gleichartigen Ersatzfahrzeugs liegt[26]. Auf der Grundlage dieser Richtwerte wurden für die Praxis der Haftpflichtversicherer und der Gerichte Tabellen erstellt, aus denen der jeweilige Entschädigungsbetrag für den betreffenden Fahrzeugtyp abgelesen werden kann[27].

2. Das Erfordernis der „Fühlbarkeit" der Gebrauchsentbehrung

In der ersten höchstrichterlichen Entscheidung fand sich die Formulierung: „Die Möglichkeit, ... einen Kraftwagen ... benutzen zu können, wird heute allgemein als wirtschaftlicher Vorteil angesehen, gleichgültig, ob ... man von dem Wagen Gebrauch macht ... Der Fortfall der Benutzbarkeit ist also bereits ein Vermögensschaden, der einen Schadensersatzanspruch zur Entstehung gelangen läßt[28]." Dieser Satz ließ den Eindruck aufkommen, die Zubilligung eines Entschädigungsbetrages für die entbehrte Nutzbarkeit des Kraftfahrzeuges sei unabhängig von den individuellen Verhältnissen des Betroffenen. Hingegen betonte der 6. Zivilsenat des Bundesgerichtshofes bereits in seiner ersten Entscheidung[29] als Revisionsinstanz gegenüber dem der von *Zeuner*[30] entwickelten Bedarfstheorie folgenden Berufungsurteil des OLG Celle[31], daß nur ein „fühlbarer" Nutzungsausfall ein Vermögensschaden sei: Habe der Betroffene den Wagen aus unfallunabhängigen Gründen ohnehin nicht nutzen können oder wollen, so rechtfertige die Vereitelung dieser „bloß abstrakten" Nutzungsmöglichkeit nicht die Zubilligung einer Entschädigung in Geld[32]. An diesem Erfordernis des Fortbestandes von Nutzungswille und -möglichkeit wurde festgehalten[33]

---

[23] Diese Berechnungsweise entspricht dem Gedanken der Frustrierungslehre.

[24] Diese Beschreibung der Vermögensdifferenz hält *Medicus*, Bürgerliches Recht, 7. Aufl., Rdnr. 827 für widersprüchlich.

[25] BGHZ 56, 214, 221; Kötz, S. 216.

[26] BGH, NJW 1969, 1477, 1478; BGH, NJW 1970, 1120.

[27] Vgl. die Tabellen zur Nutzungsentschädigung von *Sanden* und *Danner*, VersR 1975, 972 ff. sowie *Becker / Quiller*, S. 147 - 151.

[28] BGHZ 40, 345, 349.

[29] BGHZ 45, 212.

[30] *Zeuner*, AcP 163, 380, insbes. S. 394 ff.

[31] OLG Celle, NJW 1965, 1534; Berufungsurteil: OLG Celle, VersR 1964, 1272.

[32] BGHZ 45, 212, 219. Dies klingt schon bei BGH, VersR 1966, 192, 193 an; ebenso bereits LG Nürnberg-Fürth, VersR 1967, 511.

[33] BGHZ 54, 82, 85; BGHZ 56, 214, 216; anders noch LG Düsseldorf, VersR 1965, 1211.

und eine Entschädigung in Geld auch dann versagt, wenn der Geschädigte aufgrund des vom Ersatzpflichtigen zu verantwortenden Umstandes (unfallbedingte Bettlägerigkeit z. B.) nicht in der Lage gewesen war, seinen Wagen zu gebrauchen[34].

Diese Auffassung hat zur Folge, daß derjenige Schädiger, welcher zusätzlich zu der Sachbeschädigung auch noch für eine Körperverletzung des Halters einzustehen hat, eine Nutzungsausfallentschädigung nicht zu zahlen braucht, und löste in der Literatur eine lebhafte Resonanz aus[35]; der Bundesgerichtshof korrigierte die Ergebnisse seiner Rechtsprechung jedoch — ohne von seiner Ansicht grundsätzlich abzuweichen —, indem er ausdrücklich anerkannte, daß der Fahrzeughalter auch dann einen fühlbaren Vermögensschaden erleide, wenn an sich nutzungswillige und -fähige Dritte entgegen getroffenen Verabredungen den Wagen nicht gebrauchen konnten[36]. In der Praxis nämlich dürfte es dabei indessen oft nicht schwerfallen, einen Verwandten oder Bekannten zu benennen, der an die Stelle des verletzten Halters getreten wäre, so daß auf diesem Wege der die Voraussetzung für die Entschädigung bildende „fühlbare" Ausfall des Fahrzeugs seitens des Betroffenen gleichwohl dargetan zu werden vermag[37].

Eine weitere Ausprägung des aus der Subjektbezogenheit des Schadensbegriffs hergeleiteten Erfordernisses der Fühlbarkeit der Gebrauchsentbehrung ist die Berücksichtigung eines dem Halter verfügbaren Zweitwagens, woraus sich die Versagung einer Geldentschädigung ergeben kann[38].

3. Die Versagung einer Entschädigung in Geld für Komfortverlust

Neben der Betonung, daß nur der „fühlbare" Ausfall der Sache ein in Geld zu entschädigender Vermögensschaden ist, ergibt sich eine Einschränkung der Entschädigungspflicht auch daraus, daß die Rechtsprechung den Komfortverlust nicht als Vermögensschaden anerkennt: Obwohl sie sich bei der Entschädigung für den Fortfall der Nutzbarkeit des Automobils an den Miet- und Vorhaltekosten des jeweiligen Fahrzeugtyps orientiert, hält sie den in der Entbehrung erblickten

---

[34] BGH, NJW 1968, 1778.
[35] Ablehnend dazu: *Frössler*, NJW 1972, 1795; *Hamann*, NJW 1970, 889; zustimmend hingegen: *Herkner*, VersR 1968, 1057; *Zeuner*, Gedächtnisschrift Dietz, S. 99, 118; für dogmatisch richtig, jedoch unbillig hält *Martens*, NJW 1968, 1778, 1779 die Entscheidung; eingehend dazu *Werber*, AcP 173, 158.
[36] BGH, NJW 1974, 33 und BGH, NJW 1975, 922; ebenso: OLG Düsseldorf, DAR 1974, 215, 216; dieser Gedanke war bereits zuvor in der Rechtsprechung angeklungen, vgl.: BGH, VersR 1968, 803, 804 und LG Köln, DB 1967, 2115.
[37] *Stoll*, JZ 1976, 281, 283.
[38] Siehe dazu: BGH, VersR 1966, 192; BGH, NJW 1976, 286; OLG Bremen, DAR 1965, 299; OLG Celle, VRS 30, 321; OLG Stuttgart, VersR 1967, 611; OLG Bremen, VersR 1976, 665, 666.

Vermögensschaden auch dann für ausgeglichen, wenn ein schwächeres oder weniger komfortables Ersatzfahrzeug dem Betroffenen zur Verfügung stand. Wer den Ausfall durch einen Mietwagen niederer Klasse überbrückt hat, bei dem verbleibt ein nur immaterieller Schaden, der gemäß § 253 BGB nicht in Geld zu entschädigen ist[39].

IV. Zusammenfassung

Beginnend in dem Jahre 1960 setzte in der Rechtsprechung die Entwicklung ein, bei der Abwicklung von Verkehrsunfällen den zum Schadensersatz Verpflichteten auch zur Zahlung einer Geldentschädigung für die dem Geschädigten entgangene Nutzungsmöglichkeit des Kraftfahrzeugs zu verurteilen, weil die Verhinderung des Sachgebrauchs als Vermögensschaden angesehen wurde. Dieser Spruchpraxis, die vom Bundesgerichtshof erstmals im Jahre 1963 anerkannt wurde, folgen die Gerichte heute einmütig. Im Laufe der Zeit hat diese Rechtsprechung Konturen erhalten. So ist die Höhe der Geldentschädigung bei 25 - 35 % der Mietwagenkosten eines gleichartigen Ersatzfahrzeugs festgelegt; es ist weiterhin auch ausgesprochen worden, daß eine nicht „fühlbare" Nutzungsentbehrung und der Komfortverlust keine Vermögensschäden seien; sie unterliegen daher nach Auffassung der Rechtsprechung nicht der Entschädigungspflicht in Geld.

B. Analyse — der Vermögensschaden in der Rechtsprechung zum Nutzungsausfall des Kraftfahrzeuges

Nach Auffassung der Rechtsprechung erleidet der Fahrzeughalter, dessen Automobil zeitweilig gebrauchsunfähig ist, einen Vermögensschaden, so daß er zu dessen Ausgleich eine Geldentschädigung beanspruchen kann.

Nach der überkommenen Lehre ist Schaden gleich Interesse, der Vermögensschaden das Ergebnis einer Rechenoperation: Verglichen wird der derzeitige tatsächliche Vermögensbestand einer Person mit der gedachten jetzigen Vermögenslage ohne das zum Schadensersatz verpflichtende Ereignis, wobei der Ersatzanspruch selbst unberücksichtigt bleibt. Der Betrag, um den Rechnungsposten „eins" geringer ist als Posten „zwei", was darauf beruht, daß entweder ein positiver Vermögenswert entzogen oder ein negativer hinzugekommen ist (damnum emergens), oder aber das erwartete Hinzukommen eines neuen Vermögenswertes ausblieb (lucrum cessans), ist der Vermögensschaden[1].

---
[39] BGH, MDR 1967, 294; BGH, NJW 1970, 1120, 1121; OLG München, DAR 1963, 129; OLG Köln, NJW 1967, 570; KG, VersR 1975, 909, 910; OLG Saarbrücken, VersR 1975, 1132; AG Duisburg-Ruhrort, VersR 1975, 1016; AG Wiesbaden, VersR 1976, 156.

Unter diesem Blickwinkel ergibt sich aus dem in der Vergangenheit liegenden zeitweiligen Fortfall der Nutzungsmöglichkeit des Kraftfahrzeuges, der weder Gewinnentgang noch Unkosten oder Verbindlichkeiten bei dem Betroffenen verursacht hat, kein Vermögensschaden[2]. Die konstatierte Abkehr von dem schadensrechtlichen Verständnis der Interessenlehre wirft die Frage auf, welcher Begriff des Vermögensschadens von der Rechtsprechung an seine Stelle gesetzt worden ist. Die Antwort auf diese Frage zu finden, ist in den folgenden Erörterungen zu versuchen. Wie sich erweisen wird, klingt in der Rechtsprechung eine ganze Reihe verschiedener denkbarer Lösungsansätze an, die als solche sowie in ihrem Verhältnis zueinander darzustellen sind und an denen die angeführte Rechtsprechung zu messen sein wird.

I. Die Lehre vom objektiven Schaden, die über den Ausgleich hinausgehende Funktion zivilrechtlichen Schadensersatzes und der „normative" Schadensbegriff

Wenn an dieser Stelle mehrere unterschiedliche Betrachtungsweisen erörtert werden, so beruht dies auf dem Umstand, daß die in der Überschrift aufgeführten Gesichtspunkte nicht beziehungslos nebeneinander stehen, sondern komplex miteinander verstrebt sind und aufeinander aufbauen[3], so daß — namentlich aus Gründen des Zusammenhangs der Argumentationsweisen — eine bei aller Differenzierung in sich geschlossene Abhandlung angezeigt ist. In der Rechtsprechung zur Entschädigung für die entgangene Nutzung des Kraftwagens sind Formulierungen anzutreffen, deren Grundlage in der Lehre vom objektiven Schaden liegt[4], wie auch Überlegungen, die darauf hinauslaufen,

---

[1] Vgl.: *Deutsch*, Gutachten, S. E 66; *Enneccerus / Lehmann*, S. 58; *Esser*, SchuldR I, S. 279; *Larenz*, SchuldR AT, 11. Aufl., S. 384; *Larenz*, VersR 1963, 1, 2; *RGRK / Nastelski*, Vor §§ 249 - 255, Anm. 3; *Soergel / Reimer Schmidt*, §§ 249 - 253, Rdnr. 3; *Fikentscher*, S. 288; *Venzmer*, NJW 1963, 749, 750.

[2] Einigkeit besteht darüber, daß nach der Interessenlehre die Zubilligung einer Nutzungsausfall-Entschädigung durch § 253 BGB ausgeschlossen ist, vgl.: *Askenasy*, Gruch Beitr. 70, 373, 377, 380; *Becker / Quiller*, S. 145 f.; *Böhmer*, MDR 1964, 453, 454; *Bötticher*, VersR 1966, 301, 313; *Diederichsen*, Die Flucht, S. 43 f.; *Diederichsen*, Festschrift Klingmüller, S. 65, 72; *von Gerkan*, VersR 1964, 1003; *Hermann*, S. 95; *Heyse*, VersR 1963, 25; *Honsell*, JuS 1973, 69, 74; *Keuk*, S. 215; *Kickton*, VersR 1964, 507, 508; *Knobbe-Keuk*, VersR 1976, 401, 403; *Küppers*, VersR 1976, 604; *Larenz*, SchuldR AT, 11. Aufl., S. 396; *Lieb*, JZ 1971, 358, 359; *Maase*, VersR 1961, 394, 395; *Palandt / Heinrichs*, Vorbem. 2 vor § 249; *Reinicke*, NJW 1965, 385; *E. Schmidt*, Athenäum-ZivilR I, S. 559; *E. Schmidt*, Normzweck, S. 153 f.; *H. W. Schmidt*, NJW 1962, 2205, 2206; *Schmidt-Salzer*, BB 1970, 55, 63; *Schütz*, VersR 1969, 124, 125; *Sumera*, NJW 1964, 1841, 1842; *Venzmer*, VersR 1963, 795; *R. Weimar*, VersR 1962, 400, 402; *W. Weimar*, VersR 1961, 587 f.; *Weychardt*, Wandlungen, S. 139 f.; *Weychardt*, DB 1966, 609, 610; *Winter*, VersR 1967, 334, 336 f.

[3] Ähnlich ist die Darstellung bei *Mertens*, Der Begriff, der auf S. 51 ff. unter dem Titel „Normativierung des Schadens" diese Ansatzpunkte referiert; ebenso im Anschluß daran *Hermann*, S. 96 ff.

[4] Dies gilt für die Ausführungen, bereits die Möglichkeit der Nutzung

den Schadensersatz anderen Zielen als dem bloßen Ausgleich der erlittenen Einbuße im Vermögensbestand dienlich zu machen[5]; diese Judikatur wird zudem mit einem „normativen" Schadensbegriff in Verbindung gebracht[6].

1. Die Lehre vom objektiven Schaden

Begründer der Idee vom objektiven Schadensbegriff ist *Neuner*, der im Jahre 1931 in einem viel beachteten Aufsatz[7] den Vermögensschaden neu definierte als „Verletzung eines vermögenswerten Interesses, d. h. eines Gutes, das im Verkehr gegen Geld erworben und veräußert wird" und dieses Interesse objektiv bewertete[8]. Seiner Auffassung folgte bald darauf *Wilburg*[9], der betonte, der Schadensersatzanspruch könne bestehen, ohne daß der Gläubiger eine nachteilige Differenz in seinem Gesamtvermögen nachweisen müsse, da der objektive Wert als Vermögensgehalt des verletzten Rechts an die Stelle des zerstörten Gutes trete und statt der Sache selbst dessen unmittelbaren Zweck ausmache[10].

Ausgangspunkt der Lehre vom objektiven Schadensbegriff ist der Gedanke der Rechtsverfolgung[11], der dem Schadensersatzrecht eigen sei: Da der Störer bei den „eigentlich rechtsverfolgenden" Klagen[12] oder der auf Schadensersatz im Wege der Naturalrestitution in Anspruch Genommene sich nicht erfolgreich darauf berufen könne, der Gläubiger habe kein *Vermögens*interesse an der Beseitigung des rechtswidrigen Zustands, müsse es auch für die Entschädigungspflicht in Geld unerheblich sein, daß der Geschädigte einen nur immateriellen

---

eines Kraftwagens sei der wirtschaftliche Vorteil, deren Fortfall den Schadensersatzanspruch zur Entstehung bringe (BGHZ 40, 345, 349) sowie die ständige Verfügbarkeit eines Kraftfahrzeuges sei als geldwerter Vorteil und dessen vorübergehende Entbehrung mithin als Vermögensschaden anzusehen (BGH, NJW 1974, 33).

[5] Hauptsächlich ist dies der oftmals angeführte Gesichtspunkt, daß der — vielleicht sogar verständliche — Verzicht des Geschädigten auf eine kostenverursachende Ersatzbeschaffung den Schädiger nicht entlasten dürfe, vgl. z. B. BGHZ 45, 212, 216 f. Von dieser Überlegung behauptet *Nüssgens* (25 Jahre Bundesgerichtshof, S. 92, 103), sie stehe im Vordergrund der Entschädigung für die entgangene Nutzungsmöglichkeit des Kraftfahrzeugs.

[6] Vgl.: BAG, JZ 1971, 380, 381; LAG Schleswig-Holstein, BB 1972, 1229; *Baur*, Festschrift Raiser, S. 119, 129 f.; der Bundesgerichtshof hat ausgeführt, der Nutzungsausfallschaden werde „normativ" ermittelt, BGH, NJW 1969, 1477, 1478.

[7] *Neuner*, AcP 133, 277.

[8] *Neuner*, AcP 133, 277, 290.

[9] *Wilburg*, JherJahrb. 82, 51, insbesondere S. 128 ff.

[10] *Wilburg*, JherJahrb. 82, 51, 130 f.; s. dazu auch *Larenz*, VersR 1963, 1, 3.

[11] *Larenz*, SchuldR AT, 11. Aufl., S. 346 hält den Ausdruck „Rechtsfortsetzungsgedanke" für treffender.

[12] Gemeint sind damit die negatorischen Klagen, z. B. gem. §§ 12, 1004 BGB.

Schaden erlitten habe[13]. Wenn aber der Schadensersatzanspruch aus der Rechtsgutverletzung erwachse und nunmehr als Ersatz die Stelle des durch den Schadensfall Verlorenen auszufüllen habe, so könne die Methode des Interesseersatzes die Entschädigung des objektiven Wertes nicht berühren[14]. Der von der Lehre vom objektiven Schaden angeführte Aspekt der Rechtsverfolgung läuft mithin auf den Gedanken hinaus, Zweck des Schadensersatzes sei es, den Geltungsanspruch des verletzten Rechts zu dokumentieren[15].

Der mit dem Gedanken der Rechtsverfolgung angesprochene Zweck des Schadensersatzes als Reaktion auf die Rechtsverletzung selbst, wie er der Lehre vom objektiven Schaden zugrunde liegt, verlagert damit bereits das Schadensrecht in eine gegenüber dem Ausgleichsgedanken neue Dimension: Primär entscheidend ist demnach nämlich nicht das subjektive vermögensmäßige Betroffen-Sein des Geschädigten, dessen konkrete Einbuße also, sondern die Verletzung des Rechtsguts selbst. Es geht mithin für die Lehre vom objektiven Schaden in erster Linie nicht darum, die negativen Auswirkungen des Schadensfalls auf das Vermögen des Betroffenen zu beheben, sondern darum, auf den isolierten Verletzungserfolg zu reagieren. Die Verpflichtung zum Schadensersatz wird mit anderen Worten begriffen als Sanktion im Sinne des Ausdrucks der Mißbilligung der Verletzung.

Eine Stellungnahme zu dem Gedanken der Sanktion als Zweck des Schadensersatzes ermöglicht die Überprüfung dieser Theorie anhand der beiden hier beispielhaft angeführten Vorschriften der §§ 717 Abs. 2 ZPO, 904 Satz 2 BGB, die beide die Schadensersatzpflicht anordnen, obwohl die schädigende Handlung rechtmäßig ist. In § 904 Satz 1 BGB wird dies deutlich ausgesprochen: Der Eigentümer hat den Eingriff zu dulden, kann jedoch Schadensersatz beanspruchen. Im Falle des § 717 Abs. 2 ZPO kommt hinzu, daß die zum Schadensersatz verpflichtende Zwangsvollstreckung durch einen Vollstreckungstitel, der diese Maßnahmen ausdrücklich als rechtens ausweist, legitimiert ist. Mit dem Wort Rechtsverfolgung will *Neuner* zum Ausdruck bringen, daß der Schadensersatz dazu bestimmt sei, den Geltungsanspruch des verletzten Rechts zu dokumentieren[16]. Nach seiner Theorie garantiert die Rechtsordnung die Güter nicht nur durch Beseitigungs- und Unterlassungsansprüche gegenüber Störungen, sondern auch durch die Verpflichtung zum Schadensersatz im Falle ihrer Verletzung. Die Schadensersatzverpflichtung soll somit Ausdruck der Garantie der Güter sein. Sie hat

---

[13] *Neuner*, AcP 133, 277, 305 f.
[14] *Wilburg*, JherJahrb. 82, 51, 128, 130.
[15] *Mertens*, Der Begriff, S. 94; ähnlich: *Deutsch*, Gutachten, S. E 58 („Garantie der Güter").
[16] Vgl. oben, 1. Teil, B. I. 1. Fußn. 15.

B. Analyse (objektiver und „normativer" Schaden)

nämlich zu kennzeichnen, daß die Rechtsverletzung makelbehaftet ist, weil sie in Widerspruch steht zu der von der Rechtsordnung übernommenen Gewähr für den Geltungs- und Integritätsanspruch des Rechts. Diese Theorie von der rechtsverfolgenden Natur des Schadensersatzes überzeugt also nur dann, wenn dem Ausspruch der Schadensersatzverpflichtung zugleich ein objektives Unwerturteil innewohnt; diese Voraussetzung ist indessen, wie festgestellt, nicht stets gegeben. Die Idee einer vom Recht durch die Schadensersatzverpflichtung verbürgten Integrität der Güter verkehrt sich in ihr Gegenteil, wenn die schädigende Zwangsvollstreckung für Recht erklärt (§ 717 Abs. 2 ZPO) oder dem Betroffenen die Pflicht zur Duldung der Eigentumsverletzung auferlegt wird (§ 904 BGB). Daraus ergibt sich, daß der Sanktionsgedanke im Sinne der Garantie- und Rechtsverfolgungsfunktion des Schadensersatzes als Primärzweck nicht mit dem geltenden Recht vereinbar ist, mag er auch bei einzelnen schadensrechtlichen Sonderproblemen, wie der hypothetischen Kausalität und der Vorteilsausgleichung, eine gewisse Rolle spielen[17].

Von der Differenzrechnung nach der überkommenen Lehre weicht diese Auffassung in dreifacher Hinsicht ab[18, 19]: Zunächst wird nicht das gesamte Vermögen, sondern lediglich das isolierte jeweils betroffene Rechtsgut betrachtet; sodann wird bei der Schadensermittlung von dessen objektivem Verkehrswert unabhängig von einem möglicherweise geringeren Interesse des Geschädigten ausgegangen; schließlich ist für die Schadensberechnung der frühestmögliche Zeitpunkt maßgebend, der Schaden wird im Augenblick seines Eintritts abschließend erfaßt[20].

Vom Ausgangspunkt der Lehre vom objektiven Schaden, wie sie skizziert wurde, erklärt sich, daß der nach Wiederherstellung der Gebrauchsfähigkeit für das Vermögen des Geschädigten letztlich bedeutungslos gebliebene, in der Vergangenheit liegende zeitweilige Nutzungsausfall des Fahrzeugs gleichwohl unter dem Gesichtspunkt der Entschädigungspflicht in Geld relevant ist, da der Schaden unmittelbar nach dem Schadensereignis abschließend erfaßt wird, so daß es unerheblich ist, ob die Lücke durch andere Umstände als die Schadensersatzleistung wieder gestopft wurde.

Es bedarf allerdings noch der Feststellung, daß der Fortfall der Gebrauchsmöglichkeit des Kraftwagens einen Vermögensschaden in Höhe der von der Judikatur zugesprochenen Geldbeträge ergibt. Den Ver-

---

[17] Vgl. dazu: *Rother*, S. 204 ff.
[18] *Bydlinski*, S. 31; siehe auch *Hermann*, S. 95 f.; *von Caemmerer*, Das Problem, S. 7.
[19] Vertreter eines objektiven Schadensbegriffs sind neben den Genannten auch *Sieg*, JZ 1954, 337 und *Neumann*, JherJahrb. 86, 277.
[20] *Lieb*, JZ 1971, 358, 359.

mögensschaden definiert die Lehre vom objektiven Schaden als die Verletzung eines Gutes, das im Verkehr gegen Geld erworben und veräußert wird[21]; dies trifft für die Gebrauchsfähigkeit des Automobils zu[22]. Zu ersetzen ist der objektive Wert dieses Rechtsgutes „Nutzungsmöglichkeit des Kraftfahrzeugs", d. h. dessen Verkehrswert. Dies sind die Mietkosten für einen Ersatzwagen gleichen Typs. Möglich erscheint es auch, an den objektiven Wert der Gebrauchsmöglichkeit des *eigenen* Fahrzeugs anzuknüpfen, mithin den dafür im Verkehr allgemein entrichteten „Kaufpreis", d. h. die zeitanteiligen gebrauchsunabhängigen Generalunkosten, zu ermitteln und als Entschädigung zuzusprechen. Ein zwischen diesen beiden Größen liegender Betrag jedoch, von dem die Rechtsprechung ausgeht, ergibt sich nach der Lehre vom objektiven Schaden nicht[23].

Schlechthin unvereinbar mit einem objektiven Schadensbegriff ist die Versagung einer Geldentschädigung, wenn das Kraftfahrzeug nicht hätte genutzt werden sollen oder können[24, 25]; die subjektiven Verhältnisse des Geschädigten sind nämlich nur dann von Bedeutung, wenn mehr als der objektive Wert als Schadensersatz verlangt wird[26].

2. Die Buß-, Vergeltungs-, Straf- und Abschreckungsfunktion des Schadensersatzes

Hat die Lehre vom objektiven Schaden mit dem Gedanken der Sanktion im Sinne der Rechtsverfolgung noch eine spezifisch zivilrechtliche Grundlage in der Anknüpfung an die negatorischen Ansprüche, so gehen die an *Neuners* Ausführungen anschließenden Darlegungen teilweise weit über diesen Ausgangspunkt hinaus und nehmen mehr und mehr gemeinhin dem Strafrecht zugeordnete Gesichtspunkte in die zivilrechtliche Argumentation auf. Aus dem Zweck der Rechtsverfolgung wird der der Buße oder Strafe[27]. Unter Hinweis darauf, daß be-

---

[21] *Neuner*, AcP 133, 277, 290.
[22] Konsequent: *Neuner*, AcP 133, 277, 309, der der Auffassung des OLG Colmar, Urt. v. 26. 9. 1907 in Soergel Rspr. 1907, Nr. 1 zu § 253 BGB zustimmt; daß das Rechtsgut „Nutzungsmöglichkeit eines Kraftfahrzeuges" im Sinne dieser Auffassung als vermögenswertes Gut anzusehen ist, stellen auch *Detlefsen*, S. 25 f., *Nörr*, AcP 158, 1, 6 mit Fußn. 26, *Niederländer*, JZ 1960, 617, 620, sowie *von Caemmerer*, Das Problem, S. 7 klar. Fehlzugehen scheint mir daher der Einwand *Liebs*, JZ 1971, 358, 359, die Lehre vom objektiven Schaden gebe für diese Frage nichts her.
[23] Insoweit ist *Lieb*, JZ 1971, 358, 359 zuzustimmen.
[24] Zu dem Abstellen auf Nutzungswillen und -möglichkeit seitens der Rechtsprechung, siehe oben, 1. Teil, A. III. 2.
[25] *Larenz*, Festschrift Nipperdey I, S. 493; *Lieb*, JZ 1971, 358, 359; *Neuwald*, S. 113; *Weychardt*, Wandlungen, S. 144 f.; *Weychardt*, DB 1966, 609, 610 f.
[26] *Neuner*, AcP 133, 277, 309; *Wilburg*, JherJahrb. 82, 51, 128; siehe auch *Bydlinski*, S. 30 f.; *Larenz*, VersR 1963, 1, 3.
[27] *Buße: Coing*, SJZ 1950, 866, 871; *Steindorff*, AcP 158, 431, 454.
Strafe und Abschreckung: Selb, Schadensbegriff, S. 49 f., der ausführt, bei

B. Analyse (objektiver und „normativer" Schaden)

stimmte Umstände dem Schädiger billigerweise nicht zugutekommen dürfen[28], daß etwas „doch nicht angehen" könne[29], wird der Boden der am Tatsächlichen orientierten Bestandsaufnahme im Vermögen des Geschädigten verlassen zugunsten einer wertenden Beurteilung der Ersatzpflicht, die namentlich auch die Berücksichtigung der Situation des Schädigers erlaubt. Beredtes Zeugnis vom Einzug von Billigkeitserwägungen bis hin zum Strafzweck zivilrechtlichen Schadensersatzes legt die in jüngster Zeit lebhaft geführte Diskussion um die bürgerlichrechtlichen Folgen des Ladendiebstahls ab[30]. Den wohl verwegensten Vorstoß in diese Richtung hat *Arzt*[31] unternommen mit der Behauptung, die in dem von ihm mitverfaßten Alternativentwurf zum Strafgesetzbuch vorgeschlagene Regelung zur Bekämpfung des Ladendiebstahls bedeute keine tiefgreifende Umgestaltung des Zivilrechts. Der Gesetzesentwurf sieht vor, daß ein Ladendieb sich dadurch von dem staatlichen Strafanspruch freikaufen kann, daß er an den Bestohlenen eine Geldleistung in Höhe des Wertes der Beute, zumindest jedoch von DM 50,— erbringt. *Arzt* meint, die Idee einer zivilrechtlichen Sanktion, des vorgesehenen „Zuschlags" zu dem im übrigen zu ersetzenden materiellen Schaden sei im Interesse der Präventivwirkung des Rechts der unerlaubten Handlungen durchaus diskutabel[32].

Gegenüber diesen Überlegungen erscheinen indessen grundlegende Bedenken angebracht, die sich aus den völlig andersartigen Aufgaben und Ausgestaltungen von zivilrechtlichem Schadensersatz einerseits und öffentlich-rechtlicher Strafe andererseits ergeben[33]. Die Verpflichtung zum Schadensersatz setzt nämlich nicht stets ein schuldhaftes Verhalten

---

Festhalten an dem Schadensbegriff der Interessenlehre würde dem in einem totalen Versorgungsstaat lebenden Bürger ein Freibrief für schädigende Handlungen erteilt.

[28] So z. B.: *Brückler*, DRiZ 1964, 121, 124; *Detlefsen*, S. 45; *Gitter*, JR 1973, 240, 241; *Lubitz*, NJW 1976, 322; *Niederländer*, JZ 1960, 617, 620; *Selb*, Schadensbegriff, S. 49 f.

[29] So z. B.: *Bötticher*, AcP 158, 385, 406.

[30] Vgl. z. B.: *Canaris*, NJW 1974, 521, der mit dem Argument, dem Schädiger „dürfe etwas nicht zugute kommen", eine andere Lösung sei "unbillig" (S. 523 u. 524) zu dem Ergebnis gelangt, der ertappte Warendieb müsse — auch nach dem geltenden Recht — Schadensersatz in Geld für den Arbeitsausfall des Personals leisten und auch einen Anteil an den Überwachungskosten aufbringen. Auf der Grundlage des überkommenen Verständnisses des Vermögensschadens im Sinne der Interessenlehre ist die Forderung einer „Bearbeitungsgebühr", die sich aus mehreren Posten zusammensetzt, nicht gerechtfertigt, vgl. *Wollschläger*, NJW 1976, 12 ff. (mit umfangreichen Nachweisen aus Literatur und Rechtsprechung).

[31] *Arzt*, JuS 1974, 693.

[32] *Arzt*, JuS 1974, 693, 696.

[33] Gegen die mit dem Alternativentwurf angestrebte Entlastung des Kriminalstrafrechts von Massen- und Kleinkriminalität ist damit noch nichts gesagt. Diese rechtspolitische Frage ist hier nicht zu erörtern.

voraus, wie dies bei einer Strafe nach dem Satz „nulla poena sine culpa" zu fordern ist. Die Schadensersatzpflicht geht beispielsweise auch auf den Erben über, während die Strafe stets in Person zu leisten ist[34]. Es wäre auch widersinnig, wenn der Gesetzgeber zum einen „Straftatbestände" normieren und er dabei zum anderen die Verpflichtung zur Herbeiführung der Einstandspflicht eines Dritten anordnen würde, wie dies hinsichtlich der Straßenverkehrshaftpflicht durch das Pflichtversicherungsgesetz geschehen ist. Hinzu kommt, daß die Ausgestaltung der Ersatzpflicht in den §§ 249 ff. BGB von einem starren Alles-oder-Nichts-Prinzip beherrscht wird, das eine differenzierte — insbesondere nach dem Grad der Vorwerfbarkeit gestaffelte —, das Verhalten des Schädigers hinreichend ins Blickfeld rückende Reaktion unmöglich macht. Schließlich spricht die Schadensersatzverpflichtung, wie bereits festgestellt, nicht einmal notwendig das objektive Unwerturteil der Rechtswidrigkeit über das Schadensereignis aus. Wäre es anders, so würde der Rechtsstaat mit der Vorschrift des § 717 Abs. 2 ZPO seine Glaubwürdigkeit verlieren, wenn er einerseits mit der gesamten Autorität des justizförmig erwirkten Urteils die Zwangsvollstreckung zulassen würde, um andererseits den die Vollstreckung betreibenden Titelinhaber mit der dieses Verhalten mißbilligenden Schadensersatzpflicht zu belasten. Wenn aber die Rechtsordnung sich — wie in dem angeführten Beispiel — einer Mißbilligung der schädigenden Handlung enthält, so läßt sich der Zweck der daran gleichwohl angeknüpften Schadensersatzverpflichtung einzig begreifen als die Anordnung der Verlagerung einer bestimmten Einbuße von dem Betroffenen auf einen Dritten. Mit anderen Worten: Die gesetzlich angeordnete Schadensersatzpflicht beinhaltet eine Ausnahme von dem allgemeinen Grundsatz, daß jeder seinen Schaden selbst zu tragen hat. Durch die Schadensersatzleistung soll also die bei dem Geschädigten in seinem Bestand an Gütern gerissene Lücke gestopft werden; die Erbringung der geschuldeten Leistung ihrerseits indessen reißt eine Lücke in den Güterbestand des Leistenden. Das Negativum „Schaden" wird demnach lediglich verlagert von der Sphäre des Betroffenen in die des zum Ersatz Verpflichteten.

Diese Überlegungen mögen genügen, um den auch bei unbefangener Lektüre von § 249 Satz 1 BGB gewonnenen Eindruck zu belegen, daß die Schadensersatzleistung dazu bestimmt ist, die von dem Geschädigten erlittene Einbuße auszugleichen[35]. Der Gedanke an den Primärzweck von Strafe oder Abschreckung erscheint daher von vornherein als neben der Sache liegend; dies wird man im übrigen bereits sagen müssen, wenn im Hinblick auf das Ausmaß der Schadensersatzverpflichtung die Situation des Schädigers Berücksichtigung findet, indem ein gewisser

---
[34] *Mertens,* Der Begriff, S. 96.
[35] Vgl. auch: *Larenz,* NJW 1959, 865; *Hermann,* S. 109.

B. Analyse (objektiver und „normativer" Schaden)

Umstand als „den Schädiger unbillig entlastend" bei der Schadensermittlung ausgeklammert wird[36]. Wegen der grundlegend abweichenden Aufgabenstellung des zivilen Schadensersatzes von Strafe und Buße ist es auch bedenklich, beide gleichgewichtig miteinander zu verschränken oder gar — wie dies der genannte Gesetzesentwurf vorsieht — gegeneinander auszutauschen[37].

3. Der „normative" Schadensbegriff

Bei der Darstellung des Sanktionsgedankens der Lehre vom objektiven Schaden wurde bereits darauf hingewiesen, daß seine Bedeutung nicht zuletzt auf dem Gebiet jener Fälle liegt, in denen die Differenzrechnung nach der Interessenlehre bei der Begründung der Schadensersatzpflicht an ihre Grenzen stößt. Nach dieser Formel lassen sich beispielsweise die Fälle versagter Vorteilsanrechnung nicht in der Weise lösen, wie sie sich allgemein durchgesetzt hat, weil eine verbliebene Vermögenseinbuße bei dem Betroffenen infolge des erlangten Vorteils nicht festgestellt werden kann[38]. Hier setzt die Lehre vom „normativen" Schadensbegriff an. Demnach sollen die Schwierigkeiten, die sich bei der Kennzeichnung des Schadens als einer Vermögensdifferenz ergeben, von so großem Gewicht sein, daß insgesamt von dem naturalistisch-rechnerischen Schadensbegriff abgegangen werden müsse. Die problematischen Fälle werden also nicht als Ausnahmen vom Geltungsbereich der Differenzformel, als schadensrechtlich besondere Fallgruppe verstanden[39]; vielmehr sollen sie auf den Schadensbegriff selbst durchschlagen, der nunmehr als etwas „Normatives" aufzufassen sei. Die Lehre vom „normativen" Schadensbegriff leugnet mithin allgemein, daß der Schaden sich aus dem Vergleich zweier Güterlagen bei dem Betroffenen ergibt und seiner Feststellung eine Differenzrechnung vorauszugehen hat.

Es gilt indessen festzustellen, was neben dieser negativen Umschreibung positiv den begrifflichen Inhalt des „normativen" Schadens ausmacht. *Selb*, der als der entschiedenste Verfechter des „normativen" Schadensbegriffs gelten kann, geht über den Standpunkt von *Neuner* und *Wilburg*, die mit dem Ersatz des objektiven Wertes bereits von der Interessenlehre Abstand genommen hatten, weit hinaus: Er führt aus, mittels des „normativen" Schadensbegriffs würde der Schaden dem Zweck der Haftungsnormen besser dienstbar gemacht, als dies eine naturalistische Betrachtungsweise vermöchte[40]. Seine Darlegungen zum

---

[36] Als untauglich wird dieses Kriterium auch abgelehnt von *Bühnemann*, Festgabe H. Möller, S. 135, 147 und *G. Schmidt*, VersR 1965, 320.
[37] Bedenken äußern auch *Esser / Schmidt*, S. 116.
[38] *Larenz*, VersR 1963, 1, 2 f.
[39] So z. B.: *von Caemmerer*, Festschrift Rabel I, S. 333, 384 f.
[40] *Selb*, Schadensbegriff, S. 11.

Ausgleich in den Fällen der sog. unechten Gesamtschuld und zur Schadensliquidation im Drittinteresse leiten über zum übergreifenden Kernpunkt seiner Argumentation. Den individuellen, auf den jeweiligen Betroffenen bezogenen Schadensbegriff lehnt er nämlich ab, weil es gelte, den Geschädigten als Glied einer Gesellschaft zu begreifen, die auf dem Weg zu totaler Versorgung sei[41]. Wenn aber das Individuum gegen alle Wechselfälle des Lebens gesichert sei, müsse der traditionelle Schadensbegriff aufgegeben werden, weil sich der Schaden nicht bei dem Individuum, sondern bei dem Träger der Versorgungslast auswirke. Andernfalls würde dem Schädiger ein Freibrief für schädigende Handlungen erteilt[42].

Der Bundesgerichtshof hat sich zum „normativen" Schadensbegriff bekannt und zwar in drei Fällen[43]; es sind dies die Verdienstausfallschäden trotz Lohnfortzahlung[44], die Schäden bei Verletzung der den Haushalt führenden Ehefrau[45] sowie bei Verlust der Gebrauchsmöglichkeit der eigenen Sache. Der erste Komplex betrifft den von *Selb* beschriebenen Fall, daß der Schaden sich bei dem Träger der Versorgungslast auswirkt, der den Schaden „auffängt"[46]. Die Problematik des Schadens bei der Verletzung der haushaltführenden Ehefrau hingegen, wie sie vom Bundesgerichtshof aufgefaßt wird, besteht in dem geschützten Rechtsgut; als Schaden bezeichnet es der Bundesgerichtshof nämlich, daß die Ehefrau ihrer Unterhaltspflicht infolge der Verletzung nicht nachkommen kann[47]. Beiden Fällen gemeinsam ist, daß sich — wie auch in dem dritten Komplex des Schadens der entgangenen Gebrauchsvorteile des Kraftfahrzeugs — nach der Differenzrechnung der Interessenlehre kein Schaden feststellen läßt. In einer späteren Entscheidung nunmehr hat der Bundesgerichtshof klargestellt, der „normative" Schadensbegriff habe vornehmlich die Aufgabe, die aus der Beteiligung eines Dritten am Schadensverlauf auftretenden Probleme zu lösen. Abzustellen sei nämlich weniger auf den rechnerischen, als auf den „normativen" Charakter des Schadens[48]. Mit dieser Umschreibung des „normativen" Schadensbegriffs ist für den hier erörterten Fall des Schadensersatzes für entgangene Fahrzeugnutzung jedoch nichts ge-

---

[41] Für Personenschäden zustimmend *Kötz*, S. 221.
[42] *Selb*, Schadensbegriff, S. 49 f.
[43] Vgl.: BGHZ 43, 378, 380 f.; BGHZ 50, 304, 306; BGHZ 51, 109, 111; BGH, NJW 1969, 1477, 1478.
[44] Siehe dazu unten 3. Teil, D. I.
[45] Siehe dazu unten 3. Teil, D. I.
[46] *Baur*, Festschrift Raiser, S. 119, 129.
[47] Vgl.: BGHZ 50, 304, 307; s. dazu auch *Baur*, Festschrift Raiser, S. 119, 129.
[48] BGHZ 54, 45, 51. Vgl. dazu auch *Wolf*, Festschrift Schiedermair, S. 545, 548 („Einen Begriff, dessen Inhalt Gegenstand wertender Betrachtung ist, kann es logisch nicht geben").

wonnen, weil es keinen in diesem Sinne „am Schadensverlauf beteiligten Dritten" gibt.

Eine Stellungnahme zum „normativen" Schadensbegriff müßte bei seinem Grundgedanken ansetzen, bei dem also, was an die Stelle der naturalistischen Sicht des Schadens treten soll. Hierüber indessen besteht weitgehend Unklarheit: Wenn *Selb* den Schadensbegriff den Zwecken der Haftungsnormen dienstbar machen möchte, so ist damit noch nichts ausgesagt, solange er nicht klarstellt, was diese Zwecke sind[49]. Sofern er sie mit dem Sanktions-, Buß- oder Strafgedanken in Verbindung bringt, sind hiergegen bereits Einwände erhoben worden; darauf kann an dieser Stelle verwiesen werden. Sofern *Selb* indessen meint, den Unterschieden der einzelnen Haftungsnormen sei auch bereits de lege lata entsprechend bei der Ausgestaltung der Ersatzpflicht Rechnung zu tragen, so ergäbe sich daraus ein differenziertes System des Schadensrechts, bei dem für jeden Haftungstatbestand gesondert zu fragen wäre, was nach ihm unter dem „Schaden" zu verstehen ist. Dieser Vorstellung ist aber zu entgegnen, daß die §§ 249 ff. BGB den Schadensersatz einheitlich für sämtliche Haftungsnormen regeln. Die Ausführungen *Selbs* und die des Bundesgerichtshofs decken sich insoweit, als sie den „normativen" Schadensbegriff in Gegensatz setzen zu einem naturalistisch-rechnerischen Schadensbegriff; der Schaden soll demnach nicht an die Feststellung einer Lücke im Bestand der Güter des Betroffenen gebunden, sondern das Resultat einer Wertung sein. Welche Gesichtspunkte im einzelnen aber in die Wertung einfließen sollen, ob primär die Situation des Geschädigten oder aber die des Schädigers den Ausschlag zu geben hat[50], ist ungewiß.

Auf den ungeklärten sachlichen Gehalt des „normativen" Schadensbegriffs gründet sich die an ihm geübte Kritik, die bis zu dem Vorwurf reicht, es handele sich bei diesem Wort um eine Leerformel[51]. Auch von der juristischen Methodik her bestehen Einwände gegen den „norma-

---

[49] Dies gesteht *Selb* nunmehr ein, wenn er ausführt, mit dem Postulat, den Schaden „normativ" zu bestimmen, im Grunde noch nichts gesagt zu haben (Karlsruher Forum 1964, S. 3, 39).

[50] Im letztgenannten Sinne versteht z. B. *E. Schmidt*, Athenäum-ZivilR I, S. 557 den „normativen" Schadensbegriff, wenn er als gemeinsame Grundlage der vielfältigen sich hierauf berufenden Entscheidungen die Überlegung anführt, daß bestimmte Maßnahmen und Verhaltensweisen den Schädiger nicht unbillig entlasten dürften.

[51] *Becker*, MDR 1976, 620, 622; *Hagen*, JuS 1969, 61, 63; *Keuk*, S. 41 f.; *Wolf*, Festschrift Schiedermair, S. 545, 549; vgl. auch *Mertens*, FamRZ 1969, 251, 254. Etwas anderes gilt freilich von dem „normativen" Schadensbegriff bei *Stoll*, Begriff und Grenzen, S. 9. Er geht aus von dem Unterschied zwischen Restitution und Kompensation und bezeichnet den Schadensbegriff im Rahmen der Restitution als „normativ", weil er aus dem Inhalt des verletzten Rechts oder Rechtsguts heraus zu verstehen sei, dessen rechtswidrigen Zustand es durch die Restitution zu beseitigen gelte.

tiven" Schadensbegriff: Wenn man „in Bausch und Bogen" das überkommene Schadensverständnis zurückweist, so ist damit nur dann etwas gewonnen, wenn zugleich dargelegt wird, was an seine Stelle treten soll. Dies ist indessen bislang in hinreichendem Umfang noch nicht gelungen. Daß die Differenzformel der Interessenlehre gewisse Schwächen hat und bei konsequenter Anwendung in einigen Fällen grob unbillige Ergebnisse zeitigt, von denen die Rechtsprechung auch recht früh Abstand genommen hat[52], soll hier nicht geleugnet werden. Diese Besonderheiten fallgruppenweise zusammenzustellen und hierfür Grundsätze zu erarbeiten erscheint aber als das fruchtbarere Unterfangen gegenüber der radikalen Abkehr von dem bisher Gültigen[53].

Wenn auch gesagt wurde, daß der „normative" Schadensbegriff bis heute keine hinlängliche inhaltliche Ausfüllung erhalten hat, so kann man doch deshalb, weil er den Schaden als das Ergebnis einer Wertung begreift, gewisse Überlegungen anstellen, die die erstrebte Wertung erleichtern. In Besonderheit wird man sich so fragen können, wie sich die Schadensersatzpflicht gestalten würde, wenn sich der Geschädigte nicht beholfen, sondern auf Kosten des Schädigers Ersatz beschafft hätte. Hierzu ließen sich folgende Denkoperationen vertreten:

— Wenn der Geschädigte auf die mögliche Ersatzbeschaffung auf Kosten des Schädigers verzichtet, so tut er dies nicht, um seinen Schuldner zu entlasten; diesem soll der Verzicht nicht zugute kommen[54]. Konsequent wäre es dann, tatsächlich die nicht angefallenen Mietwagenkosten abzüglich der Ersparnisse für den Unterhalt des eigenen Wagens als Entschädigung zuzusprechen. Die Rechtsprechung aber bleibt bei der Verwirklichung dieses Gedankens auf halbem Wege stehen, indem sie den Schädiger nämlich nur mit 25 - 30 % der fiktiven Unkosten belastet[55], ihm im übrigen jedoch den Verzicht des Geschädigten zum Vorteil gereichen läßt. Die Grundüberlegung ergibt das weitere, daß dem Betroffenen auch dann ein Entschädigungsbetrag in dieser Höhe für die Nutzungsentbehrung gewährt werden muß, wenn er in Wahrheit überhaupt keinen Gebrauchsausfall erlitten hat, weil er mit dem beschädigten Fahrzeug weiterfahren und auf die Vornahme der Reparatur verzichten konnte oder den Wagen veräußert hat; diese Auffassung wird in der Tat auch vertreten[56].

---

[52] Beispielhaft anzuführen sind hier die Fälle versagter Vorteilsanrechnung, der Schadensliquidation im Drittinteresse, der sog. unechten Gesamtschuld sowie der besonderen Schadensberechnung bei der Verletzung gewerblicher Schutzrechte.

[53] Vgl. hierzu auch die Kritik am „normativen" Schadensbegriff bei *Mertens*, Der Begriff, S. 87 ff.

[54] Ganz in diesem Sinne: BGHZ 45, 212, 216 f.

[55] Siehe oben 1. Teil, A. III. 1. mit Nachweisen in Fußn. 25 und 26.

[56] So: *Lubitz*, NJW 1976, 322 (mit der Begründung, es sei „unbillig", den Geschädigten zur Reparatur zu zwingen); ebenso: LG Düsseldorf, MDR 1974, 1016 und AG Köln, VersR 1977, 70 (es sei nicht einzusehen, wieso der Entschluß des Geschädigten zu einer Entlastung des Schädigers führen würde); gegenteiliger Auffassung jedoch: OLG Nürnberg, VersR 1973, 865 f.; AG

— Wenn ein Geldbetrag zum Ausgleich für die entbehrte Nutzungsmöglichkeit an den in seiner Fahrtüchtigkeit unbeeinträchtigt gebliebenen Eigentümer zu entrichten ist, so entspricht es sicherlich nicht der Billigkeit, daß der Schädiger dann entlastet wird, wenn er zu der Sachbeschädigung überdies auch noch für eine Körperverletzung des Geschädigten verantwortlich ist. Die Versagung einer Nutzungsausfallentschädigung im Falle des aus unfallabhängigen Gründen unterbliebenen potentiellen Gebrauchs[57] vermag von diesem Ausgangspunkt her nicht zu überzeugen.

— Wenn der Verzicht des Geschädigten auf Ersatzbeschaffung dem Schädiger nicht zugute kommen soll, so kann für seine Genügsamkeit, die sich darin äußert, daß er sich zeitweilig mit einem schwächeren und weniger komfortablen Mietfahrzeug behilft, nichts anderes gelten. Die Auffassung der Rechtsprechung, die diese Einbuße als immateriellen Schaden nicht durch Geldentschädigung ausgleicht[58], ist vor diesem Hintergrund nicht verständlich.

Der „normative" Schadensbegriff, der dahingehend verifizierbar ist, daß gewisse zugunsten des Schädigers wirkende Umstände unberücksichtigt bleiben sollen, trägt dem Grunde nach die Zubilligung einer Geldentschädigung für den Nutzungsausfall von Kraftfahrzeugen. Im einzelnen jedoch sind die Ergebnisse, wie sie von der Rechtsprechung erzielt wurden, oftmals nicht deckungsgleich mit naheliegenden Wertungen aufgrund eines normativen Verständnisses von Schaden und Schadensersatz; dies gilt beispielsweise für die Höhe des Entschädigungsbetrags und für die Versagung von Entschädigung für „Komfortverlust" sowie nicht „fühlbar" gewordene Entbehrung der Sachnutzung.

II. Die abstrakte, pauschalierte, auf hypothetischer Basis mögliche Schadensberechnung

Das Verständnis eines primär auf Wertungen basierenden Schadensbegriffs, wie es sich in der Lehre vom „normativen" Schaden ausdrückt, knüpft nicht zuletzt an die abstrakte Schadensberechnung an. So vertritt beispielsweise *Steindorff* die Auffassung, die abstrakte Schadensberechnung sei Ausdruck des rechtsverfolgenden Charakters des Schadensersatzanspruches, sie beinhalte eine repressive Buße und sei deshalb nur dort zuzulassen, wo zum Schutz leicht verletzbarer Rechte eine scharfe Sanktion notwendig erscheine[59]. Verwiesen wird in diesem Zusammenhang auf die abstrakte Schadensrechnung bei der Verletzung von Immaterialgüterrechten, die *Steindorff* wegen deren besonderer

---

Krefeld, VersR 1976, 648; *Böhmer*, JZ 1975, 169, 170; BGH, BB 1977, 116, 118; *Klimke*, VersR 1977, 698; LG Berlin, VersR 1977, 581.

[57] So: BGH, NJW 1968, 1778; die Kritik an diesem Urteil stützt sich namentlich auf den Gesichtspunkt der Billigkeit, vgl.: *Hamann*, NJW 1970, 889; *Herkner*, VersR 1968, 1057; *Martens*, NJW 1968, 1778, 1779; *Frössler*, NJW 1972, 1795.

[58] Siehe oben 1. Teil, A. III. 3. mit Nachweisen in Fußn. 39.

[59] *Steindorff*, AcP 158, 431, 457.

Schutzbedürftigkeit für zulässig erachtet[60]. Die Terminologie zu dem Begriff „abstrakte Schadensberechnung" ist jedoch uneinheitlich[61], er wird in verschiedenem Sinne gebraucht zur Kennzeichnung schadensrechtlicher Besonderheiten gegenüber einer „konkreten" Berechnung, von der das Gesetz grundsätzlich ausgehe[62]. Da der Bundesgerichtshof das Verlangen nach einer Geldentschädigung für die entgangene Fahrzeugnutzung als „abstrakte Schadensberechnung" bezeichnet, im Gegensatz zur Erstattung der tatsächlich entstandenen Mietwagenkosten, die sich aufgrund „konkreter Berechnung" ergebe[63], ist der Frage nachzugehen, was er damit gemeint hat.

1. Der „abstrakte" als „normativer" Schaden

Soweit der „abstrakte" Schaden als Synonym zum „normativen" Schaden verstanden wird[64], ist dem hier nicht weiter nachzugehen, weil dazu bereits an anderer Stelle[65] eine begriffliche Klärung versucht worden ist.

2. „Abstrakte" Schadensberechnung gemäß § 252 BGB

Die Geltendmachung entgangenen Gewinns als Schaden gemäß § 252 BGB wird ebenfalls als „abstrakte" Schadensberechnung bezeichnet[66]. Es geht hierbei darum, prima facie die typischerweise nach dem gewöhnlichen Verlauf der Dinge eingetretene Gewinnerzielung bei der Schadensfeststellung zu unterstellen[67]. Dem zum Ersatz Verpflichteten bleibt die Möglichkeit erhalten, durch den Nachweis, daß tatsächlich aber dieser Gewinn nicht erzielt worden wäre, das Ausmaß seiner Schadensersatzverpflichtung zu verringern[68]. In diesem Sinne kann der Bundesgerichtshof sich nicht verstanden wissen wollen, als er die Nutzungsausfallentschädigung als „abstrakt" berechneten Schaden bezeichnete[69]:

---

[60] *Steindorff*, AcP 158, 431, 457.
[61] *Knobbe-Keuk*, VersR 1976, 401.
[62] *Erman / Sirp*, § 249 Rdnr. 77; *Esser*, SchuldR I, S. 286; *Larenz*, SchuldR AT, 11. Aufl., S. 403 f.; *Palandt / Heinrichs*, Vorbem. vor § 249 Anm. 4.
[63] BGH, JZ 1967, 360, 361; BGH, NJW 1970, 1120; BGH, NJW 1974, 33, 34.
[64] Vgl. dazu: *Knobbe-Keuk*, VersR 1976, 401, 402 f.; in diesem Sinne auch: *Bydlinski*, S. 29; *Neuner*, AcP 133, 277, 302 f.; *Wilburg*, JherJahrb. 82, 51, 143 f., die ihre Auffassung (objektiver Schadensbegriff) als „abstrakte Schadensberechnung" bezeichnen; ähnlich auch: *Palandt / Heinrichs*, Vorbem. vor § 249 Anm. 4.
[65] Oben, 1. Teil, B. I. 3.
[66] Vgl. dazu: *Knobbe-Keuk*, VersR 1976, 401, 403 f.; so: BGHZ 62, 103; *Blomeyer*, S. 192 f.; *Fikentscher*, S. 292; *Hamann*, Methoden, S. 31 f.; *RGRK / Nastelski*, § 252 Anm. 10; *Staudinger / Werner*, § 252 Rdnr. 21; *Soergel / Reimer Schmidt*, §§ 249 - 253 Rdnr. 45.
[67] BGHZ 62, 103, 105.
[68] *Knobbe-Keuk*, VersR 1976, 401, 404; BGHZ 62, 103, 107.
[69] Siehe oben 1. Teil, B. II. Fußn. 63.

Nach dem gewöhnlichen Verlauf der Dinge, dem typischen Geschehensablauf nämlich, kann nicht davon ausgegangen werden, daß ein Privatmann mit seinem Kraftwagen einen Gewinn in Höhe von ca. 30 % der gewerblichen Mietwagenkostensätze erzielt hätte.

3. „Abstrakte Schadensberechnung" im Sinne von Pauschalbeträgen als Mindestschadensersatz

Üblich ist es auch, mit dem Begriff „abstrakte Schadensberechnung" jene Fälle zu kennzeichnen, in denen von einem Pauschalbetrag als Mindestposten bei der Schadensermittlung ausgegangen wird[70]. Gesetzlich zugelassen ist dies in den §§ 288 BGB, 376 Abs. 2 HGB. Die Besonderheit dieser Vorschriften besteht darin, daß — anders als bei der Beweiserleichterung gemäß § 252 Satz 2 BGB — der Pauschalsatz auch dann geschuldet wird, wenn feststeht, daß der tatsächliche Verlust des Betroffenen hinter diesem Betrag zurückgeblieben wäre[71]. Die konkreten Verhältnisse des Geschädigten werden erst dann für die Feststellung des Ausmaßes der Verpflichtung bedeutsam, wenn dieser einen Schaden geltend macht, der größer ist, als der von Gesetzes wegen ohnehin geschuldete Betrag[72]; sodann liegt es bei dem Gläubiger, die Gegebenheiten zu belegen, die seine Forderung gerechtfertigt erscheinen lassen.

Sollte der Bundesgerichtshof — und dafür spricht die Wendung „abstrakt berechneter, richtiger: pauschal abzugeltender Nutzungsausfallschaden"[73] — seine Rechtsprechung in diesem Sinne, nämlich als einen neben den §§ 288 BGB, 376 Abs. 2 HGB weiteren Fall pauschalierten Mindestschadensersatzes ansehen[74], so bestünden gegen die Höhe des als Entschädigung zugesprochenen Geldbetrages keine Bedenken[75]. Indessen: Auf das Erfordernis der „Fühlbarkeit" der Gebrauchskarenz müßte dann verzichtet werden, „subjektbezogen" ist der Schaden bei dieser „abstrakten Schadensberechnung" nur, wenn mehr als der Pauschalbetrag verlangt wird[76].

---

[70] Vgl. dazu: *Knobbe-Keuk*, VersR 1976, 401, 405; so: *Esser*, SchuldR I, S. 287 und *Larenz*, SchuldR AT, 11. Aufl., S. 405.

[71] *Knobbe-Keuk*, VersR 1976, 401, 405.

[72] Eine gewisse Verwandtschaft hiermit hat die Lehre vom objektiven Schaden, die auch als „abstrakte Schadensberechnung" bezeichnet wird, siehe oben, 1. Teil, B. II. 1. Fußn. 64: Sie gewährt den objektiven Wert stets als Mindestschadensersatz, vgl.: *Bydlinski*, S. 30; *Neuner*, AcP 133, 277, 295; *Wilburg*, JherJahrb. 82, 51, 128.

[73] BGH, NJW 1970, 1120, 1121; BGH, NJW 1974, 33, 34.

[74] In diesem Sinne wird die Rechtsprechung verstanden von: *Schmidt-Salzer*, BB 1970, 55, 60 sowie *Steindorff*, JZ 1967, 361, 362; siehe dazu auch *Bötticher*, VersR 1966, 301, 313.

[75] Pauschalsätze sind stets mehr oder minder willkürlich, sie zwischen zwei Richtwerten anzusetzen, ist daher nicht sachfremd.

[76] *Schmidt-Salzer*, BB 1970, 55, 62.

4. Die Schadensberechnung auf hypothetischer Grundlage

Schließlich findet sich der Terminus „abstrakte Schadensberechnung" auch bei der Darstellung der zweiten Schadensberechnungsmethode im Falle der Verletzung von Immaterialgüterrechten[77]. Bei gewerblichen Schutzrechten nämlich ist es in der Rechtsprechung anerkannt, daß der Gläubiger als Schadensersatz die fiktive Lizenzgebühr fordern kann, die er bei einem Vertragsabschluß als Gegenleistung für die Ausnutzung des Rechts durch den Schädiger erzielt haben würde[78]. Die Leitgedanken für die Zulassung dieser Schadensberechnungsart sind die Erwägungen, daß einerseits der Nachweis einer im Hinblick auf § 287 ZPO für eine Schätzung hinlänglich konkretisierten Einbuße im Vermögen des Geschädigten schwierig, oftmals unzumutbar, wenn nicht gar völlig unmöglich ist[79], andererseits, daß der Schädiger zumindest dasjenige als Ersatz schulde, was ihn ein rechtmäßiges Vorgehen gekostet haben würde[80]. Die Argumentation weist somit jenes Element auf, daß oben[81] als charakteristisch für die Lehre vom „normativen" Schaden erkannt wurde: Das Verständnis nämlich, als Schaden im Sinne des Gesetzes könne auch dasjenige angesehen werden, was bei einem gedachten anderweitigen, jedoch weder tatsächlich erfolgten noch durch das Schadensereignis unterbliebenen Geschehensablauf von dem Schädiger an den Geschädigten hätte gezahlt werden müssen, indem nämlich die Erteilung einer Lizenz gegen Entgelt — wie die Rechtsprechung sagt — „fingiert"[82], exakter: als Vergleichsobjekt herangezogen wird. Für diese Denkoperation (Schadensfeststellung aufgrund der Einbeziehung eines alternativen Geschehensablaufs) scheint mir die Bezeichnung „Schadensberechnung auf hypothetischer Grundlage" treffend zu sein; hypothetisch ist das Verständnis des Schadens und der Ersatzpflicht nämlich deshalb, weil das Augenmerk von dem Tatsächlichen abgelenkt und auf die Verpflichtung des Schädigers in dem nur gedachten, hypothetischen Falle eines von dem Betroffenen gestatteten Eingriffs gerichtet wird.

---

[77] Vgl.: *Knobbe-Keuk*, VersR 1976, 401, 405; so: *von Caemmerer*, Das Problem, S. 9; *Esser*, SchuldR I, S. 287; *Steindorff*, AcP 158, 431, 457 f.

[78] Vgl.: RGZ 35, 63, 67 f.; RGZ 43, 56, 61; RGZ 50, 111, 115; RGZ 95, 220, 223 f.; RGZ 130, 108, 109; RGZ 156, 65, 67; RG, GRUR 1934, 627, 630; RG, GRUR 1938, 449, 451 ff.; BGHZ 20, 345, 353; BGHZ 44, 372, 374 f.; BGHZ 57, 116, 118.

[79] BGHZ 20, 345, 353; BGHZ 26, 349, 353; BGHZ 57, 116, 119. In diese Richtung zielt auch die Erwägung, Immaterialgüterrechte bedürften besonderen Schutzes, so: *Loewenheim*, JZ 1972, 12, 14; *Loewenheim*, ZHR 153, 97, 117; *Steindorff*, AcP 158, 431, 457; deshalb sei aus Gründen der Prävention die Zulassung dieser Schadensberechnungsart sachgerecht.

[80] RGZ 35, 63, 67 f.; BGHZ 20, 345, 353; BGHZ 44, 372, 379; BGHZ 57, 116, 119.

[81] 1. Teil, B. I. 3.

[82] BGHZ 44, 372, 379.

B. Analyse (abstrakte Schadensberechnung)

Lediglich aus anderer Perspektive — in der Sache jedoch bedeutet dies dasselbe — beurteilt man die Schadensersatzverpflichtung aus der Fragestellung heraus, was dem Betroffenen die Einbuße „wert" sei, gegen welchen Geldbetrag er vernünftigerweise die erlittene Schädigung freiwillig auf sich zu nehmen bereit gewesen wäre: Ins Auge gefaßt ist nicht das, was der Schädiger bei rechtmäßigem Vorgehen hätte leisten müssen, die Verpflichtung des Schuldners also, sondern dasjenige, was der Geschädigte hätte fordern können, der Anspruch des Gläubigers mithin.

Diese spiegelbildliche Anwendung der Schadensberechnung auf der Basis einer Vertragsfiktion hat der Bundesgerichtshof in einer Entscheidung im Bereich der Rechtsprechung zur Entschädigung für die entbehrte Nutzung von Kraftfahrzeugen vollzogen, um darzulegen, warum der Entschädigungsbetrag die gebrauchsunabhängigen Generalunkosten übersteigt. Der Senat führte zur Begründung nämlich aus, die durch den Ausfall des Fahrzeuges verursachten Entbehrungen seien durch die Erstattung der für den Gebrauch regelmäßig aufgewandten Kosten noch nicht voll ausgeglichen, und fuhr dann fort: „Demgemäß wäre der Kraftfahrer auch kaum bereit, gegen das Angebot einer solchen Kostenerstattung zeitweise freiwillig auf den Gebrauch zu verzichten[83]."

Dieser Ansatzpunkt, das sei schon hier vermerkt, scheint mir am ehesten geeignet zu sein, eine tragfähige Grundlage für die zum Gegenstand der Untersuchung gewählte Rechtsprechung zu bilden; auf ihn wird unten[84] näher einzugehen sein.

5. Zusammenfassung

Der Bundesgerichtshof, der die Entschädigung für die Gebrauchsentbehrung des Kraftfahrzeugs als einen Fall „abstrakter Schadensberechnung" bezeichnet[85], hat nicht näher dargelegt, in welchem Sinne er dieses Wort verstanden wissen möchte. Die „abstrakte Schadensberechnung" kennzeichnet zum einen den Fall, daß dem Geschädigten im Hinblick auf seine Darlegungslast insofern geholfen wird, als — wie bei § 252 Satz 2 BGB — für die Differenzrechnung ein Wahrscheinlichkeitsurteil nach dem typischen Geschehensablauf ausreicht (abstrakttypisierende Schadensberechnung); zum anderen wird von einer „abstrakten Schadensberechnung" auch dann gesprochen, wenn auf die tatsächliche Feststellung einer Differenz im Vermögen des Betroffenen völlig verzichtet wird, wie in den Fällen pauschalierten Mindestschadensersatzes und bei der Verletzung gewerblicher Schutzrechte (ab-

---

[83] BGHZ 56, 214, 220.
[84] Im 5. Teil.
[85] BGH, JZ 1967, 360, 361; BGH, NJW 1970, 1120; BGH, NJW 1974, 33, 34.

strakt-normative Schadensberechnung)[86]. In der Sache kann die „abstrakte Nutzungsentschädigung" nur der letztgenannten Gruppe zugerechnet werden, denn für die Annahme, daß typischerweise die Entbehrung eines privaten Fahrzeugs einen Schaden in Höhe von ca. 30 % der vergleichbaren Mietwagensätze verursacht, fehlt jede Grundlage. Damit ist indessen zugleich bestätigt, daß es auf eine tatsächliche Differenz in der Vermögenslage des Geschädigten nicht mehr ankommt; ein fruchtbarer Ansatz zur dogmatischen Erfassung dieser Rechtsprechung läßt sich in den Besonderheiten des Schadensersatzes finden, wie sie im Bereich gewerblicher Schutzrechte seit langer Zeit anerkannt sind. Darauf ist im 5. Teil vertieft und auf breiterer Basis einzugehen.

III. Die „Frustierungs"-Lehre

Eine ganz andere schadensrechtliche Überlegung klingt dort an, wo auf die aufgewendeten erheblichen Geldbeträge zur Anschaffung und Haltung des Kraftwagens hingewiesen wird, die nunmehr infolge des schädigenden Ereignisses ganz oder teilweise ihren Zweck verfehlt hätten[87].

1. Die Beurteilung fehlgeschlagener Aufwendungen als Schaden

In der Literatur wird die Ansicht vertreten, besondere finanzielle Aufwendungen des Geschädigten, die infolge des Schadensereignisses sich als nutzlos erwiesen haben, könnten als Schadensersatz geltend gemacht werden; sie geht zurück auf *von Tuhr*, der der Meinung war, Aufwendungen verwandelten sich nachträglich durch die Vereitelung ihres Zweckes in einen Schaden[88]. Dieser Gedankengang ist indessen mit dem Erfordernis des Ursachenzusammenhangs zwischen dem schädigenden Ereignis und dem von ihm ausgelösten Schaden nicht vereinbar, denn der Schadensfall kann nicht kausal für die *vor* seinem Eintritt erbrachten Aufwendungen sein[89, 90]. Einen „Schaden vor dem Schadens-

---

[86] Siehe zu der doppelten Bedeutung des Worts „abstrakte Schadensberechnung" *Mertens*, Der Begriff, S. 76 Fußn. 76.

[87] Siehe z. B.: BGHZ 40, 345, 349; BGHZ 56, 214, 216; ausschlaggebende Bedeutung für die Beurteilung des Ausfalls der Gebrauchsfähigkeit eines Kraftfahrzeuges hat diese Überlegung heute jedoch in der Argumentation des Bundesgerichtshofes nicht; anders noch: LG Düsseldorf, VersR 1966, 1090; AG Bonn, NJW 1963, 2173, 2174.

[88] *von Tuhr*, KritVJSchrift 47, 63, 65 f.

[89] LG Kassel, VersR 1964, 199, 200; LG Itzehoe, VersR 1964, 760, 761; deshalb wurde in diesen Urteilen keine Nutzungsausfallentschädigung zugesprochen. Kritisch *Venzmer*, VersR 1963, 795, 796.

[90] Anderer Auffassung ist hingegen *E. Schmidt*, Athenäum-ZivilR I, S. 572 sowie *Esser / Schmidt*, S. 144: Er widerspricht der Überlegung, die fraglichen Geldmittel seien unabhängig von dem haftbar machenden Vorfall ausgegeben worden, mit dem Hinweis darauf, daß das Ausbleiben des Äquivalents zum

ereignis", wie es *Baur*[91] ausdrückt, kann es daher nicht geben[92]. In Wahrheit geht es bei dieser in der Literatur geäußerten Auffassung um einen Analogieschluß, um die Zuordnung eines wertungsmäßig gleichgeachteten Tatbestandes zu einer ihm von Gesetzes wegen nicht korrespondierenden Rechtsfolge. Dies drückt auch *von Tuhr* aus, wenn er darlegt, eine Aufwendung „gelte" nachträglich als Schaden[93]. Diese Analogie wird im Schrifttum von vielen Autoren für zulässig erachtet[94]. Ihr Vorteil wird namentlich darin gesehen, daß sie eine klare Bezifferung des als Entschädigung zu leistenden Geldbetrages ermöglicht, nämlich anhand der Ermittlung der sogenannten Vorhaltekosten, soweit sie dem Zeitraum der Karenz entsprechen[95]. Hinsichtlich dieser Unkosten vermag man in der Tat den Betroffenen als „geschädigt" anzusehen aufgrund der berechtigten Enttäuschung (Frustration) darüber, daß der mit seinen Aufwendungen erstrebte Erfolg infolge des von dem Schädiger zu verantwortenden Geschehensablaufs ausgeblieben ist.

2. Die Gleichsetzung von fehlgeschlagenen Aufwendungen und Schaden zur Beurteilung des Ausfalls der Nutzbarkeit des Kraftwagens

Betrachtet man die zeitweilige Nichtnutzbarkeit eines Kraftfahrzeuges unter dem Blickwinkel des Analogieschlusses: „Fehlgeschlagene Aufwendungen sind einem Schaden gleich zu behandeln", so ist der Entschädigungsbetrag wie folgt zu berechnen: Zu den auf den Zeitraum der Gebrauchskarenz anfallenden Steuer- und Versicherungsbeiträgen[96] sind die zeitanteiligen Kosten für Wagenpflege und Instandhaltung sowie ein angemessener Abschreibungsbetrag zu addieren. Ginge man nach der Berechnungsmethode vor, die der Bundesgerichtshof dargelegt

---

Schaden gestempelt werden solle. Indessen: Folgt man diesem Gedanken, richtet das Augenmerk also auf die Nichterlangung des „erkauften" Genusses, so ist dieser Schaden zweifelsohne ein immaterieller, der gemäß § 253 BGB gerade von der Entschädigungspflicht in Geld ausgenommen ist.

[91] *Baur*, Festschrift Raiser, S. 119, 132.
[92] Anders *Venzmer*, VersR 1963, 795, 796. Für ihn ist die Folge „Schaden" weniger ein Kausalitätsproblem, als das der logischen Verknüpfung mit dem Schadensereignis.
[93] *von Tuhr*, Allg. Teil, 1. Band, S. 320 Fußn. 33 a.
[94] *Esser*, SchuldR I, S. 277; *Esser / Schmidt*, S. 144 ff.; *Larenz*, VersR 1963, 312, 313; *Larenz*, SchuldR I, 10. Aufl., S. 348; *Larenz*, Festgabe Oftinger, S. 151, 162 - 169; *Löwe*, VersR 1963, 307, 311; *Löwe*, NJW 1964, 701, 704; *E. Schmidt*, Athenäum-ZivilR I, S. 572 f.; im Grunde zustimmend auch *Mertens*, Der Begriff, S. 159 f., 228. Er erkennt ein Bedürfnis für diese Analogie von seinem Standpunkt freilich nur für jene Fälle an, in denen sich die auf eine Sache oder ein Recht getätigten Aufwendungen infolge eines in der Person des Betroffenen begründeten Hinderungsgrundes als fehlgeschlagen erweisen; wird der vermögenswerte Gegenstand selbst beeinträchtigt, so ergibt die „Vermögensfunktionsstörung" für *Mertens* einen Vermögensschaden, ohne daß es eines Analogieschlusses bedürfte.
[95] *Larenz*, Festgabe Oftinger, S. 151, 169; *Larenz*, SchuldR I, 11. Aufl., S. 397.
[96] Dies verlangte der Kläger in der Entscheidung BGH, NJW 1964, 717.

hat[97], als er zur Ermittlung des Wertes der entgangenen Kraftfahrzeugnutzung von den Sätzen der gewerblichen Vermieter ausging, davon jedoch Unternehmergewinn, erhöhte Betriebs- und Versicherungsunkosten sowie Eigenersparnis der Betroffenen abzog, so müßte eine Geldentschädigung in Höhe der anteiligen Generalunkosten zugesprochen werden[98]. Gewährt wird von der Rechtsprechung jedoch ein die gebrauchsunabhängigen Gemeinkosten „maßvoll übersteigender Betrag" in Höhe von ca. 30 % der fingierten Mietwagensätze[99]. Insoweit findet die Rechtsprechung des Bundesgerichtshofes im Frustrierungsgedanken nur eine annähernde Entsprechung.

Unvereinbar mit diesem Ansatzpunkt ist indessen, daß die Rechtsprechung die Nutzungsausfallentschädigung dann versagt, wenn der Sachgebrauch aus persönlichen Gründen verhindert wird, beispielsweise weil dem Betroffenen die Fahrerlaubnis entzogen wurde[100]; für die Anhänger der Frustrierungslehre gelten — von dem von ihnen eingenommenen Standpunkt aus mit Recht — die zur Ermöglichung der Sachnutzung getätigten Aufwendungen als Schaden unabhängig davon, ob sie ihren Zweck verfehlt haben, weil das Fahrzeug beschädigt und deshalb nicht eingesetzt worden ist, oder weil z. B. der Geschädigte durch das Schadensereignis verletzt wurde und deshalb den Sachgebrauch entbehrte; in beiden Fällen sind seine Aufwendungen gleichermaßen vertan, ist er „frustriert"[101]. Dies vermag namentlich auch im Hinblick auf die von der Rechtsprechung stets betonte „Subjektbezogenheit" des geltenden Schadensbegriffs[102] zu überzeugen, für den es unerheblich sein muß, wie ein anderer mit der Sache hätte verfahren können; sondern entscheidend ist allein das Betroffensein des Geschädigten[103]. Für ihn aber ist die angestrebte Zweckverwirklichung unmöglich gewesen, die von ihm eingesetzten Mittel für Fahrzeughaltung und -nutzung *durch ihn* haben in beiden Fällen gleichermaßen ihren Zweck verfehlt. Vom Standpunkt dieser Lehre ist überdies eine Nutzungsausfallentschädigung auch in den Fällen fehlender Gebrauchsmöglichkeit aus unfallabhängigen Gründen zu gewähren; nicht hingegen dann, wenn das Automobil aus anderen Gründen ohnehin ungenutzt geblie-

---

[97] BGHZ 45, 212, 220.
[98] *Stoll*, JuS 1968, 504, 513; LG Hannover, VersR 1967, 889.
[99] Siehe oben 1. Teil, A. III. 1.
[100] Dies darf als inzwischen gefestigte Rechtsprechung gelten, vgl.: BGHZ 55, 146, 148 f.; ebenso bereits die Vorinstanz, OLG Hamm, VersR 1969, 762; so auch aus neuerer Zeit: BGHZ 63, 203, 207; BGH, VersR 1975, 763; BGH, VersR 1976, 47; LG Stuttgart, NJW 1973, 631.
[101] *Esser*, SchuldR I, S. 277; *Larenz*, SchuldR I, 10. Aufl., S. 348; *Larenz*, Festgabe Oftinger, S. 162 f.; *E. Schmidt*, Athenäum-ZivilR I, S. 573; *Nüssgens*, 25 Jahre Bundesgerichtshof, S. 92, 105 Fußn. 73.
[102] Siehe oben 1. Teil, A. III. 2.
[103] *E. Schmidt*, Athenäum-ZivilR I, S. 573.

ben wäre, da sich die Aufwendungen in diesem Fall als nicht *durch das Schadensereignis vertan* erweisen.

Zustimmung hat die Rechtsprechung in dem angesprochenen Punkt (Geldentschädigung nur bei nachteiliger Einwirkung auf das Objekt der Nutzung) neuerdings von *Larenz*[104] erfahren, der insoweit von seiner ursprünglichen Auffassung abgewichen ist. Er ist nunmehr der Auffassung, daß nur auf diese Art und Weise einer Ausuferung des Schadensersatzes ins Unbegrenzte praktikabel begegnet werden könne[105]. Dies überzeugt insofern, als das von den Vertretern der Frustrierungslehre zur Abwehr zu weitgehender Ansprüche geschaffene Unterscheidungsmerkmal „Aufwand für normale Lebensführung — besonderer Aufwand für jenseits davon liegende Zwecke"[106] in der Tat vom Ansatzpunkt her schon fragwürdig ist: Die Haltung eines Kraftfahrzeuges durch einen Privatmann ist m. E. heutzutage weitestgehend auch „normale Lebensführung"; gerade die Zubilligung einer Entschädigung für die entgangenen Gebrauchsvorteile des Kraftwagens durch die Rechtsprechung war aber für *Löwe*[107] und *Larenz*[108] der Anlaß zur Rückbesinnung auf die Ausführungen *von Tuhrs*. Wenn für *Larenz* nunmehr die fehlgeschlagenen Aufwendungen nur insoweit als Schaden gelten sollen, als sie sich auf das von dem Schadensereignis unmittelbar betroffene Gut bezogen, so hat er seinen Standpunkt auf der Seite des Frustrierungsgedankens in einem wesentlichen Punkt aufgegeben[109].

IV. Der Bedarf als Vermögensschaden

Die Versagung einer Entschädigung in Geld für die entbehrte Fahrzeugnutzung in den Fällen des für den Betroffenen nicht fühlbar gewordenen Ausfalls wird durch die Rechtsprechung auch damit begründet, daß für den Geschädigten ein Bedürfnis zur Miete eines Ersatzfahrzeuges nicht bestanden habe[110]. Dieser Gesichtspunkt entstammt einem dritten Schadensverständnis, der sogenannten Bedarfstheorie.

Die Bedarfstheorie[111] treibt den Gedankengang der Lehre vom objektiven Schaden noch um einen Schritt weiter, indem sie nicht nur den Schaden im Augenblick des Schadensereignisses abschließend betrachtet, sondern hierbei auch zukünftige Einbußen berücksichtigt. Die Kosten, welche

---
[104] *Larenz*, SchuldR I, 11. Aufl., S. 398 f.
[105] *Larenz*, SchuldR I, 11. Aufl., S. 398 Fußn. 8.
[106] *Larenz*, Festgabe Oftinger, S. 151, 163; ähnlich: *Mertens*, Der Begriff, S. 160; so auch: *E. Schmidt*, Athenäum-ZivilR I, S. 573.
[107] *Löwe*, VersR 1963, 307, 311.
[108] *Larenz*, VersR 1963, 312, 313.
[109] *Stoll*, JZ 1976, 281, 282.
[110] BGH, VersR 1968, 803, 804; BGH, NJW 1974, 33, 34; BGHZ 63, 393, 398.
[111] Sie geht auf einen Aufsatz von *Zeuner* in AcP 163, 380 zurück.

im Falle einer Ersatzbeschaffung entstehen würden und sodann vom Geschädigten als Schaden geltend gemacht werden könnten, sollen nämlich auch dann in die Verpflichtung zum Schadensersatz einbezogen werden, wenn tatsächlich von der Möglichkeit der Substitution auf Kosten des Schädigers kein Gebrauch gemacht wurde. Nach dieser Auffassung steckt ein Vermögensschaden insoweit bereits in dem durch das Schadensereignis ausgelösten Bedarf, zu dessen Deckung Aufwendungen erforderlich sind[112]. Zur Begründung stützt sich diese Theorie einerseits darauf, daß der Geschädigte auf Kosten des Schädigers sich eine anderweitige Gebrauchsmöglichkeit habe beschaffen können, seine Sparsamkeit und Zurückhaltung aber ihm und nicht dem Schädiger zugute kommen dürften[113], insofern also auf Überlegungen, die oben[114] als ein Kennzeichen der Lehre vom „normativen" Schaden dargestellt wurden; andererseits geht die Argumentation auch vom Gesetzestext aus: Hingewiesen wird darauf, daß der nach § 249 Satz 2 BGB geschuldete Geldbetrag nach überwiegender Auffassung nicht tatsächlich zur Naturalrestitution verwendet werden muß[115], sowie auf den Anspruch wegen vermehrter Bedürfnisse gem. § 843 BGB, der nach der Rechtsprechung unabhängig davon besteht, ob die Bedürfnisse befriedigt wurden[116, 117]. Die Auffassung *Zeuners*, die er selbst nur als Entwurf, nicht als fertige Lösung verstanden wissen möchte[118], ist nur vereinzelt auf Zustimmung[119], überwiegend jedoch auf ablehnende Stellungnahmen[120] getroffen. Bedenken bestehen gegen das Verständnis, Vermögensschaden sei auch das aufgedrängte Passivum, die Auslösung eines geldmäßigen Bedarfs, namentlich deshalb, weil immaterielle Schäden, von deren Existenz das Gesetz in § 253 BGB ausgeht, dann kaum noch vorstellbar sind: Gewährt man dem Betroffenen in voller Höhe denjenigen Geldbetrag, welchen er benötigen würde, um sich in den ohne den Schadensfall bestehenden Zustand zu versetzen, so stiege in der heutigen Zeit, in der man sich so gut wie alles „kaufen" kann, die geschuldete Ent-

---

[112] *Zeuner*, AcP 163, 380, 396; *Zeuner*, Gedächtnisschrift Dietz, S. 99, 118.
[113] *Zeuner*, AcP 163, 380, 394 f.
[114] Siehe oben 1. Teil, B. I. 3.
[115] *Zeuner*, AcP 163, 380, 395; so z. B.: *Helle*, DRiZ 1964, 281, 285; vgl. auch: *Palandt / Heinrichs*, § 249, Anm. 2 mit weiteren Nachweisen.
[116] *Zeuner*, AcP 163, 380, 395.
[117] So: BGH, NJW 1958, 627.
[118] *Zeuner*, Gedächtnisschrift Dietz, S. 99, 121.
[119] OLG Celle, NJW 1965, 1534; *Klimke*, NJW 1974, 725, 728; *Medicus*, SchlHA 1964, 283, 284; für das Versicherungsrecht zustimmend: *Eichler*, Festgabe H. Möller, S. 177, 195 mit Fußn. 83.
[120] *Bötticher*, VersR 1966, 301, 303 ff.; *Esser*, SchuldR I, S. 276; *Keuk*, S. 220 ff.; *Detlefsen*, S. 6 ff.; *Larenz*, Festschrift Nipperdey I, S. 489, 504 f.; *Mertens*, Der Begriff, S. 70; *Reinecke*, S. 162 ff.; *Werber*, AcP 173, 158, 165 ff.; *Wussow*, Rdnr. 1217.

schädigungsleistung ins Unermeßliche; als Ausgleich für die zur Schadensregulierung aufgewendete Freizeit müßte z. B. ein entsprechender Teil der Arbeitszeit auf Kosten des Schädigers in Freizeit umgewandelt werden, jedes entbehrte Vergnügen würde einen Schadensersatzanspruch in Höhe der Kosten des Ersatzvergnügens auslösen.

Zu letzter Konsequenz führt *Zeuner* seine Theorie indessen nicht; er meint nämlich, eine Entschädigung für entbehrte Kraftfahrzeugnutzung mit dem Bundesgerichtshof[121] dem Geschädigten versagen zu müssen, wenn dieser — auch aus unfallabhängigen Gründen — das Automobil im fraglichen Zeitraum nicht habe nutzen können[122], denn in diesen Fällen entstehe kein Bedarf zur Miete eines Ersatzfahrzeugs. Von der Ausgangsüberlegung her ist dies jedoch fraglich: Stellt man allein darauf ab, was der Betreffende aufwenden müßte, um das Schadensereignis ungeschehen zu machen, welcher Wertbedarf hervorgerufen worden ist, so ist zu konstatieren, daß ohne den Schadensfall ein gebrauchsfähiger Wagen zur Verfügung gestanden hätte. Mit anderen Worten, verfestigt man mit *Zeuner* den auf Geldentschädigung auch für immaterielle Einbußen gerichteten Anspruch gemäß § 249 Satz 2 BGB, so geht es einzig darum, welche Kosten bei der Herstellung des hypothetischen status quo (Naturalrestitution) anfallen; nicht aber spielt es eine Rolle, ob die nachteilige Veränderung in seiner Güterwelt für den Geschädigten zufällig in dem einen oder anderen Aspekt nicht „fühlbar" geworden ist.

Mißt man die Rechtsprechung zur Geldentschädigung für entbehrte Fahrzeugnutzung an der dargestellten Bedarfstheorie, so wird deutlich, daß die Judikatur sich den Gedanken *Zeuners* nicht völlig angeschlossen hat, sondern teilweise andere Wege geht: Einerseits müßte dem Geschädigten Schadensersatz in Höhe der Mietkosten eines gleichwertigen Wagens abzüglich ersparter Unkosten für das ausgefallene Fahrzeug gewährt werden[123]; andererseits dürfte — wie entgegen gängiger Auffassung[124] festgestellt — die Entschädigung für den Ausfall der Gebrauchsmöglichkeit nicht davon abhängig gemacht werden, ob die Sache hätte genutzt werden sollen und können. Ein Drittes kommt hinzu; auch bei ausschließlich durch Einwirkung auf die Person des Geschädigten eingetretener Gebrauchsentbehrung (z. B. Führerscheinbeschlagnahme) wäre oftmals — entgegen der nunmehr gefestigten Rechtsprechung[125] — ein durch Geldentschädigung auszugleichender Vermögens-

---

[121] Siehe oben, 1. Teil, A. III. 2.
[122] *Zeuner*, AcP 163, 380, 397; *Zeuner*, Gedächtnisschrift Dietz, S. 99, 118.
[123] OLG Celle, NJW 1965, 1534; *Bötticher*, VersR 1966, 301, 308; *Lieb*, JZ 1971, 358, 361 Fußn. 30; *Zeuner*, AcP 163, 380, 397.
[124] *Lieb*, JZ 1971, 358, 359; *Zeuner*, AcP 163, 380, 397; *Nüssgens*, 25 Jahre Bundesgerichtshof, S. 92, 105 Fußn. 72.
[125] Siehe oben 1. Teil, B. III. 2. mit Nachweisen in Fußn. 100.

schaden nach der Bedarfstheorie gegeben, für den Betroffenen entstünde nämlich ein Bedarf zur Anstellung und Entlohnung eines Fahrers oder zum Gebrauch eines Taxi[126].

V. Der „Kommerzialisierungs"-Gedanke, die Berücksichtigung des „Erkaufens" der Annehmlichkeit sowie der Verkehrsauffassung

Neben den bereits erörterten schadensbegrifflichen Lehren besitzen in der Rechtsprechung zur Entschädigung für den entbehrten Fahrzeuggebrauch auch die Gedanken des „Kaufs" und der „Kommerzialisierung" einen hohen Stellenwert. So wird gesagt, die entbehrte Annehmlichkeit sei angesichts dessen, daß sie nur mit erheblichen finanziellen Aufwendungen erkauft werde, „tatsächlich kommerzialisiert", es entspreche daher auch der Verkehrsauffassung, sie zu den Vermögensgütern zu zählen[127]. In den Entscheidungen zu verwandten Fällen im Grenzbereich zwischen Vermögens- und Nichtvermögensschaden tauchen diese Überlegungen ebenfalls immer wieder auf.

Die Frage nach dem schadensrechtlichen Gehalt dieser Gedanken, nach dem darin zum Ausdruck gebrachten Begriff des Vermögensschadens sowie nach dessen Tauglichkeit drängt sich damit auf. Wenn die folgende Analyse in drei Abschnitte unterteilt wird, so soll damit nicht die Möglichkeit einer scharfen Trennungslinie ausgedrückt, sondern lediglich dem Umstand Rechnung getragen werden, daß die angeführten Argumente trotz ihrer sachlichen Nähe nicht dasselbe aussagen.

1. Die Betonung des „Erkaufens" der entbehrten Annehmlichkeit

Betrachtet man eine Annehmlichkeit, für deren Erlangung Geld aufgewendet worden ist, als Vermögenswert und die Entbehrung dieses Genusses — unabhängig davon, daß wegen des in der Vergangenheit Ausgebliebenen letztlich doch keine Lücke im Vermögensbestand des Betroffenen zurück blieb — als Vermögensschaden, ordnet man also auch die vermögens*konsumtive* Entbehrung auf der Seite des materiellen Schadens ein[128], so ist dies nur die mit anderen Worten ausgedrückte Umschreibung dessen, was die Frustrierungslehre im Wege der Analogie erreichen möchte[129]. Am Bild des Januskopfes läßt sich der verschieden-

---

[126] *Stoll*, JZ 1976, 281, 282.
[127] Vgl.: BGHZ 40, 345, 349 f.; BGHZ 45, 212, 215; BGHZ 56, 214, 215 f.; BGH, NJW 1974, 33; BGH, NJW 1975, 347, 349; BGH, NJW 1975, 922, 923; ebenso bereits: OLG München, NJW 1962, 2205, 2207; OLG München, VersR 1964, 932; LG Dortmund, MDR 1964, 145; so auch KG, DAR 1965, 298 f.; LG Berlin, VersR 1965, 95 f.
[128] Diese Auffassung ist vor Inkrafttreten des Bürgerlichen Gesetzbuches bereits in der Literatur vertreten worden von *Kohler*, AbR 12, 1, 2 f., 9 und *von Jhering*, JherJahrb. 18, 1, 49.
[129] Deutlich wird dies z. B. auch bei *von Jhering*, JherJahrb. 18, 1, 48, der — ohne dies ausdrücklich so zu bezeichnen — die Argumentation der

artige Blickwinkel, unter dem das Betroffensein des Geschädigten gesehen wird, darstellen: Die Frustrierungslehre richtet ihr Augenmerk auf die fehlgeschlagenen Aufwendungen vor dem Schadensereignis, während die hier dargestellte Auffassung die nach dem Schadensfall entbehrte Konsumtion eingesetzter Vermögenswerte betont[130].

Daß diese Überlegung recht sonderbar anmutende Ergebnisse zeitigt — die durch Benutzung der Seilbahn „erkaufte" und dann doch vereitelte Aussicht vom Gipfel ist z. B. in Geld zu entschädigen, während der enttäuschte Kletterer gemäß § 253 BGB leer ausgehen muß —, ist namentlich von *Landwehrmann* betont worden[131]. Da die Argumentation mit dem vorherigen „Kauf" des Genusses nur eine Spielart der Frustrierungslehre ist, treten die bereits bei deren Erörterung konstatierten Abweichungen gegenüber den Ergebnissen der Rechtsprechung zur Entschädigung für entgangene Gebrauchsmöglichkeiten des Kraftwagens[132] auch hier zutage: Die tatsächlich zum „Kauf" der Annehmlichkeit aufgewendeten Beträge müßten zur allein entscheidenden Richtschnur für die Höhe der als Entschädigung zu zahlenden Geldsumme gemacht werden; es dürfte auch keinen Unterschied ausmachen, ob der Betroffene infolge nachteiliger Einwirkung auf das Objekt der Nutzung oder aus anderen Gründen das von ihm „Erkaufte" entbehren muß. Eine Begrenzung ins Uferlose gehender Schadensersatzforderungen, um die die Rechtsprechung bemüht ist[133], erscheint bei dieser Betrachtungsweise, sofern sie konsequent fortgeführt wird, ebenso schwierig, wie bei der gewissermaßen „janusköpfig" verwandten Frustrierungslehre.

2. Der „Kommerzialisierungs"-Gedanke

Ganz in diesem Sinne möchte der Bundesgerichtshof sich indessen nicht verstanden wissen. Er stellt nämlich darauf ab, daß der Genuß *üblicherweise, in aller Regel* „erkauft", d. h. gegen Entgelt erworben, wird und deshalb „tatsächlich kommerzialisiert" ist[134]. Ob der Betroffene tatsächlich zur Erlangung der infolge des Schadensereignisses

---

Frustrierungslehre vorwegnimmt, indem er das für die Annehmlichkeit „bezahlte Geld" betont.
[130] Ebenso: *Bötticher*, VersR 1966, 301, 310 und *Honsell*, JuS 1976, 222, 226 mit Fußn. 38, die den letztgenannten Gesichtspunkt allerdings — m. E. zu Unrecht unter Verkennung seines mehr auf generelle Sicht abstellenden Charakters — als „Kommerzialisierungs-Gedanken" verstanden wissen möchten.
[131] *Landwehrmann*, Zeit ist Geld, S. 36; *Landwehrmann*, NJW 1972, 1204.
[132] Siehe oben, 1. Teil, B. III. 2.
[133] Vgl. z. B.: BGH, VersR 1968, 803; BGHZ 55, 146, 152; BGH, NJW 1975, 347 ff.; BGHZ 63, 98, 105 f.; BGHZ 63, 393, 397.
[134] BGHZ 40, 345, 350; ebenso bereits zuvor: BGH, NJW 1956, 1234, 1235 und OLG München, NJW 1962, 2205, 2207; vgl. aus neuerer Zeit: BGH, NJW 1975, 40, 41 und BGHZ 63, 393, 397.

letztlich doch ausgebliebenen Gebrauchsannehmlichkeit Geldmittel aufgewendet hat oder nicht, ist nach der Auffassung vom „Kommerzialisierungs"-Gedanken, anders als nach der Frustrierungslehre, ohne Bedeutung[135]; entscheidend ist allein die „Kommerzialisierung", d. h. die Verkehrsfähigkeit im Sinne der Üblichkeit entgeltmäßigen Erlangens des Genusses. Auf dieser Ebene liegt es auch, wenn dem Bestehen anerkannter Richtsätze für die Ermittlung des Wertes des Entbehrten eine Indizfunktion für die Annahme eines Vermögensschadens zugesprochen wird[136]. Die Gängigkeit der entgangenen Annehmlichkeit als Handelsgut und — dadurch bedingt — die Existenz eines Marktpreises für sie, sind also die von der „Kommerzialisierungs"-Lehre verstandenen Kriterien zur Abgrenzung des materiellen vom immateriellen Schaden[137]. An der Tauglichkeit dieses Differenzierungsmerkmals, auf das bereits zu Beginn dieses Jahrhunderts in der Rechtsprechung vereinzelt abgestellt wurde[138], bestehen jedoch Zweifel: Wie steht es um die im Verhältnis zu gängigen Kraftfahrzeugtypen, weniger übliche Vermietung ausgefallener Liebhaber- oder Repräsentationswagen[139], von Fahrzeugen mit einer Zusatzeinrichtung für Körperbehinderte[140] sowie von Motorrädern[141], wie um die Üblichkeit der Vermietung von Radio- und Phonogeräten[142], von Wasserfahrzeugen[143], von Schwimmhallen[144], von Kleidungsstücken[145]? Es verbleibt eine recht große Grauzone im Grenzbereich, die sich einer sicheren Beurteilung anhand der „Kommerzialisierungs"-Lehre entzieht. Unverständlich ist überdies, warum nicht tatsächlich der Marktpreis der Fahrzeugnutzung, d. h. die Mietwagenkosten als Entschädigung zugesprochen werden; den von der Rechtsprechung gewährten Satz von ca. 30 % des von gewerblichen

---

[135] *Küppers*, VersR 1976, 604, 606; deshalb sind, wie oben (Fußn. 130) bereits angesprochen, die Darlegungen von *Bötticher*, VersR 1966, 301, 310 sowie *Honsell*, JuS 1976, 222, 226 mit Fußn. 38 nicht ganz exakt.

[136] So: BGHZ 45, 212, 217; BGHZ 54, 45, 50; BGH, NJW 1975, 40, 42; BGHZ 63, 393, 397.

[137] BGHZ 63, 393, 397; *Küppers*, VersR 1976, 604, 606.

[138] OLG Dresden, Ann. des Königl. Sächs. OLG, 24, 527, wiedergegeben bei *Askenasy*, Gruch Beitr. 70, 373, 381 Fußn. 15; OLG Colmar, Soergel Rspr. 1907 Nr. 1 zu § 253 BGB.

[139] Als Beispiel ist der 8sitzige Mercedes 600 zu nennen, um dessen Nutzungswert es in der Entscheidung BGH, NJW 1970, 1120 ging; ein solches Fahrzeug wird nur vereinzelt als Mietwagen angeboten.

[140] Vgl.: OLG Stuttgart, VersR 1967, 1207.

[141] Vgl.: Einerseits AG Kiel, VersR 1975, 387; andererseits LG Bremen, VersR 1968, 907; siehe dazu auch *Sanden / Danner*, VersR 1976, 513 ff.

[142] Vgl.: AG Iserlohn, VersR 1965, 1212.

[143] Vgl.: Einerseits KG, MDR 1972, 778; andererseits LG Kiel, SchlHA 1973, 33.

[144] Vgl.: OLG Köln, NJW 1974, 560.

[145] Vgl.: HansOLG Hamburg, MDR 1973, 847; BGHZ 63, 393.

Vermietern verlangten Zinses vermag man nicht zu erkennen als im Verkehr gefestigter Maßstab für den Wert des Entgangenen.

3. Die Berücksichtigung der Verkehrsauffassung

Im Anschluß an die Darstellung der „tatsächlichen Kommerzialisierung" des Guts wird von der Rechtsprechung vielfach ausgeführt, es entspräche der Verkehrsauffassung, den Verlust der Nutzungsmöglichkeit eines Kraftfahrzeuges als Vermögensschaden anzusprechen[146]. Dabei wird der Schaden nicht als reiner Rechtsbegriff, sondern als auf die Rechtsordnung bezogener wirtschaftlicher Begriff verstanden[147]. Von daher ist es in der Tat naheliegend, der Anerkennung eines Gutes als wirtschaftlicher Wert im allgemeinen Verständnis, der Üblichkeit des „Verkaufs" dieses Gutes („tatsächliche Kommerzialisierung") Bedeutung für die Grenzziehung zwischen dem materiellen, in diesem Sinne dem „wirtschaftlichen", und dem Nichtvermögensschaden, d. h. hier der Einbuße eines als Wirtschaftsgut nicht anerkannten Wertes, beizumessen[148]. Zusätzlich zu dem Hinweis auf die Üblichkeit gewerbsmäßiger Vermietung von Kraftfahrzeugen führt die Rechtsprechung zur Darlegung der Vereinbarkeit ihrer These mit der Verkehrsauffassung drei Überlegungen an: Zum einen wird darauf hingewiesen, daß der Kaufpreis für ein nicht sofort gebrauchsfertiges Fahrzeug geringer sei, als der für vergleichbare fahrbereite Wagen[149]; zum zweiten wird angeführt, daß die Möglichkeit der Vermietung des Kraftfahrzeuges entfalle, die auch bei den nicht gewerbsmäßigen Autovermietern gegeben sei[150]; schließlich wird in die Argumentation mit einbezogen, daß die durch ein bereitstehendes privates Fahrzeug gegebene Unabhängigkeit von öffentlichen Verkehrsmitteln Zeitersparnis einbringt und daß der Satz „Zeit ist Geld" heute eine gewisse Anerkennung im Bewußtsein und Verständnis der Bevölkerung gefunden hat[151]. Diesen

---
[146] BGHZ 56, 214, 215; BGH, NJW 1975, 40, 41; BGH, NJW 1975, 347, 349; BGHZ 63, 393, 396.

[147] So: BGHZ 40, 345, 347; zustimmend: R. Weimar, VersR 1962, 400, 402.

[148] In diese Richtung zielt auch die Überlegung Pfretzschners, Anm. zu LM Nr. 17 a zu § 249 (A) BGB, der dem Urteil des Bundesgerichtshofs (BGHZ 40, 345) zustimmt, weil die Verfügungsmöglichkeit über einen Kraftwagen als wirtschaftlicher Wert auch steuerrechtlich erfaßt werde.

[149] BGHZ 40, 345, 348; BGH, NJW 1974, 33.

[150] BGHZ 40, 345, 348. Große Bedeutung wird dieser Überlegung indessen heute von der Rechtsprechung nicht mehr beigemessen: Soweit es um die Höhe der als Entschädigung für die entbehrte Nutzungsmöglichkeit zu entrichtenden Geldsumme geht, wird betont, daß der Privatmann kein potentieller Vermieter ist, BGH, NJW 1969, 1477, 1478; auch begegnet sie skeptisch dem Verlangen der Kläger nach Kostenerstattung der zu den Sätzen gewerblicher Vermieter von einem verwandten oder befreundeten Privatmann überlassenen Nutzung eines Ersatzfahrzeugs, vgl. BGH, NJW 1975, 255 und LG Mainz, NJW 1975, 1421.

[151] BGHZ 40, 345, 349; BGHZ 56, 214, 216; BGHZ 63, 98, 104.

letzten Gesichtspunkt hat *Grunsky* aufgegriffen und konsequent zu Ende gebracht: Für ihn nämlich hat all das Vermögenswert, was in einer Marktwirtschaft „versilbert" werden kann, also auch die Freizeit. Ob der Betroffene an die Möglichkeit, seine Freizeit durch Arbeit zu Geld zu machen, überhaupt nur gedacht hat, spielt dann keine Rolle mehr[152, 153].

Gegenüber dieser Überlegung scheint jedoch Zurückhaltung angebracht zu sein: Der Verkehrsauffassung ist der Satz „alles hat seinen Preis" nicht weniger fremd als die in der Rechtsprechung akzeptierte Redewendung[154] „Zeit ist Geld"; damit jedoch wäre die Vorschrift des § 253 BGB bedeutungslos: Wenn nämlich alles auch für das Schadensrecht seinen Preis hat, kann es keinen immateriellen Schaden mehr geben. Handhabt man das Kriterium „Verkehrsauffassung" hingegen — und dies scheint dem Anliegen des Bundesgerichtshofes zu entsprechen[155] — als restriktives Element, als Mittel zur Begrenzung des Entschädigungsanspruchs, so hat es neben dem Gedanken der „Kommerzialisierung", wie er oben[156] erläutert worden ist, keine Bedeutung und krankt ebenfalls daran, daß es in der Grauzone ein weites Feld der Rechtsunsicherheit beläßt[157].

Ein weiteres kommt hinzu, was aufmerken läßt, da es mit der Verkehrsauffassung nicht recht vereinbar ist: Die Rechtsprechung gewährt nämlich demjenigen, der sich mit einem weniger komfortablen Ersatzfahrzeug begnügt hat, für diese Einbuße keine Entschädigung in Geld[158], während die Sätze für die Nutzungsausfallabgeltung an den Generalunkosten und den fingierten Mietwagenkosten orientiert sind und daher Komfort, Schnelligkeit und Exklusivität des Wagens durchaus Rechnung tragen. In Einklang mit der Verkehrsauffassung scheinen hier nur folgende zwei Überlegungen zu stehen: Entweder wird gesagt, die Möglichkeit, sich mit einem Automobil fortbewegen zu können und somit von öffentlichen Verkehrsmitteln unabhängig zu sein, ist „Geld wert", die Freude, die über das Interesse an der Einsatzfähigkeit eines „fahrbaren Untersatzes" hinausgeht, ist als Affektionswert nicht in Geld zu

---

[152] *Grunsky*, Aktuelle Probleme, S. 76 ff.; *Grunsky*, JZ 1973, 425, 426; *Grunsky*, NJW 1975, 609, 610.

[153] Vgl. auch: *Larenz*, SchuldR I, 11. Aufl., S. 400, der die Ansicht *Grunskys* als Endpunkt des „Kommerzialisierungs"-Gedankens bezeichnet; nach der hier gebrauchten Terminologie ist dies nicht ganz zutreffend, da unter „Kommerzialisierung" die *Üblichkeit* eines Gutes als Handelsware verstanden wird, während es nach *Grunsky* allein auf die *abstrakte Möglichkeit* des „Versilberns" ankommt.

[154] Siehe oben, Fußn. 151.

[155] *Tolk*, JZ 1975, 530, 531.

[156] 1. Teil, B. V. 2.

[157] *Tolk*, JZ 1975, 530, 531.

[158] Siehe oben, 1. Teil, A. III. 3. mit Nachweisen in Fußn. 39.

ersetzen[159]; oder aber — und dies käme der Verkehrsauffassung am nächsten — man erkennt an, daß die Gebrauchsmöglichkeit eines Kraftfahrzeuges im Wert steigt mit dem Komfort, der Leistungsstärke und Exklusivität des Wagentyps, so daß der Geschädigte mit der Erstattung der Kosten für das Mieten eines nicht gleichwertigen Ersatzes allein noch keinen vollen Ausgleich für seine Entbehrung erlangt hat[160].

Zusammenfassend ist zu konstatieren, daß die Kriterien „Kommerzialisierung" und „Verkehrsauffassung" vom Verständnis des Schadens als eines wirtschaftlichen Begriffes her zunächst bestechend zu sein scheinen, bei genauerem Hinsehen indessen die Frage „Vermögens- oder Nichtvermögensschaden?" verläßlich und überzeugend nicht zu beantworten vermögen. Des weiteren ist anzumerken, daß — dieses Eindrucks kann man sich nicht erwehren — die Rechtsprechung eher ihre Entscheidungsvorstellung als „Verkehrsauffassung" deklariert, als tatsächlich die Anschauungen der Bevölkerung zu ermitteln[161]; begünstigt wird dies freilich durch die verwischten Konturen im Grenzbereich.

VI. Zusammenfassung der Analyse der Rechtsprechung zur Entschädigung für entbehrte Fahrzeugnutzung

Das Aufsehen war groß, das die Anerkennung des Vermögensschadens der entgangenen Nutzungsmöglichkeit des Kraftfahrzeugs durch die Rechtsprechung des Bundesgerichtshofes[162] erregte. Die angeführten schadensrechtlichen Überlegungen sind zahlreich, sie decken einen weiten Bereich des gesamten Feldes möglicher Definitionen des Begriffs des Vermögensschadens ab. Von der Lehre vom objektiven Schaden ist mit dem Abstellen auf die „Fühlbarkeit" des Gebrauchsausfalls[163] schon recht früh Abstand genommen, die *Zeuner*sche Bedarfstheorie von Anfang an nur als untergeordnete Hilfsbegründung verwendet worden[164]. Durchgängig jedoch — und dies macht den wesentlichen Punkt aus — wird als Abgrenzungskriterium an der tatsächlichen „Kommerzialisierung" im Sinne der herrschenden Verkehrsauffassung des beeinträchtigten oder vorenthaltenen Gutes festgehalten. Ausgangspunkt dieser Überlegung war zunächst der „Kauf" der Annehmlichkeit, eine Vorstellung also, die sich im Ergebnis mit der Frustrierungslehre deckt[165]. Von diesem Ansatz ist die Rechtsprechung jedoch sogleich insofern

---

[159] In diesem Sinne noch: LG Kassel, VersR 1967, 912, 913; ebenso bereits: OLG München, DAR 1963, 129.
[160] So: *Detlefsen*, S. 93 f.; *Klunzinger*, VersR 1970, 881, 882.
[161] *Tolk*, JZ 1975, 530, 531.
[162] Erstmals: BGHZ 40, 345.
[163] Erstmals: BGHZ 45, 212, 219.
[164] Siehe oben, 1. Teil, B. IV.
[165] Vgl. oben, 1. Teil, B. V. 1.

abgewichen, als sie einen die gebrauchsunabhängigen Gemeinkosten übersteigenden Betrag als Entschädigung zusprach. Darüber hinaus ist eine Verselbständigung des „Kommerzialisierungs"-Gedankens erkennbar geworden:

Dieser Aspekt ist von dem Bestreben, einer Ausuferung der Schadensersatzpflicht entgegenzuwirken, gekennzeichnet. Er beinhaltet die Versagung einer Geldentschädigung für entgangene Gebrauchsmöglichkeit infolge von Einwirkungen auf die Person des Nutzungsberechtigten[166]; dies gilt selbst dann, wenn zugleich das Objekt ausgefallen ist („Subjektbezogenheit")[167], sofern nicht aufgrund vor dem Schadensereignis liegender Dispositionen die Entbehrung einen Dritten getroffen hat[168]; den nach dem Schadensfall getroffenen Verabredungen hingegen bleibt die Anerkennung versagt[169]. Die Grenze zwischen beiden ist theoretisch zwar deutlich gezogen, in der Praxis aber wird oftmals eine nicht zu widerlegende Behauptung des Gläubigers seiner Einbuße den Charakter eines materiellen Schadens verleihen können[170]. Zu einer exakteren Erfassung der dogmatischen Grundlagen der Rechtsprechung zur Entschädigung für die entgangenen Gebrauchsvorteile des Kraftfahrzeugs sollen die folgenden beiden Teile mit den dort zu behandelnden Entscheidungen zu schadensrechtlich parallelen Problemen dienen.

---

[166] Vgl. oben, 1. Teil, B. III. 2. mit Nachweisen in Fußn. 100.
[167] Vgl. oben, 1. Teil, A. III. 2. mit Nachweisen in Fußn. 32 - 34.
[168] Vgl. oben, 1. Teil, A. III. 2. mit Nachweisen in Fußn. 36; *Tolk*, JZ 1976, 281, 283.
[169] Deutlich wird dies auch an einem Vergleich der beiden Entscheidungen des Bundesgerichtshofs zum Arbeitsausfall eines Gesellschafters, BGH, NJW 1963, 1051 und BGH, FamRZ 1965, 40; siehe dazu unten, 3. Teil, D. I.
[170] Vgl. oben, 1. Teil, A. III. 2.; *Stoll*, JZ 1976, 281, 283 mit Fußn. 18.

Zweiter Teil

Die Rechtsprechung zur Entschädigung in Geld für Ausfall oder Beeinträchtigung im Gebrauch anderer Sachen

Die Rechtsprechung wurde weiterhin auch mit anderen Fällen der Entschädigung für entbehrte Sachnutzung befaßt. Von der Judikatur, die sich aus der durch Pflichtversicherung und Alltäglichkeit des Vorfalls gekennzeichneten Situation eines Verkehrsunfalls mit Sachschaden entwickelt hat*, wurde alsbald der Bogen gespannt zur Schadensersatzverpflichtung für den verhinderten oder beeinträchtigten Sachgebrauch schlechthin.

Aus den einzelnen Entscheidungen in dieser bis heute nicht abgerissenen Kette sind wichtige Schlüsse für das Verständnis der im 1. Teil behandelten Judikatur zu ziehen: So müßten z. B. die Konturen des „Kommerzialisierungs"-gedankens deutlicher werden, wenn die Rechtsprechung auch dazu Stellung bezogen hat, ob sie die Möglichkeit des Gebrauchs auch hinsichtlich anderer Sachen als hinreichend „kommerzialisiert" ansieht. Weiterhin dürfte auch darauf zu achten sein, ob die Rechtsprechung die Nutzungsausfallentschädigung auch bei vertraglich begründeten Schadensersatzansprüchen gewährt, beispielsweise wegen verspäteter Warenlieferung. Aus dieser Zielsetzung ergibt sich, daß bei der Darstellung und Erörterung dieser Anschlußrechtsprechung im Vordergrund das Bemühen steht, eine Verfeinerung oder Präzisierung der Argumentationszusammenhänge zu erkennen.

A. Die entbehrte Gebrauchsmöglichkeit beweglicher Sachen

I. Tonbandgerät

Die erste bekanntgewordene Entscheidung, die sich mit den Konsequenzen der Rechtsprechung des Bundesgerichtshofes zur Entschädigung für die entgangene Nutzung des eigenen Kraftfahrzeuges auf die Gebrauchsentbehrung anderer beweglicher Sachen befaßte, ist die des Amtsgerichts Iserlohn[1]. Der Kläger machte als Verzugsschaden 50 % der Mietpreise geltend, die ihm als Unkosten entstanden wären, wenn

---

* So auch: BGH, NJW 1976, 1630.
[1] AG Iserlohn, VersR 1965, 1212.

er — was tatsächlich nicht geschehen war — die viermonatige Entbehrung seines Tonbandgerätes nicht hingenommen, sondern durch Beschaffung eines Ersatzes überbrückt hätte. Das Gericht warf die Frage auf, ob die Grundsätze der Rechtsprechung zum Verlust der Gebrauchsvorteile eines Kraftwagens auch bei Tonbandgeräten herangezogen werden könnten und bejahte sie kurzerhand. Die Schadensersatzforderung des Klägers, der das Gerät zu seiner beruflichen Fortbildung einsetzen wollte, hielt es daher dem Grunde nach für gerechtfertigt. Auf die Ermittlung, ob sich der Ausfall des Lernmittels Tonbandgerät letztlich bei dem Geschädigten vermögensmäßig negativ bemerkbar gemacht hat — zu denken ist namentlich an einen verspäteten Abschluß der Fortbildung und dadurch bedingt einen entgangenen höheren Verdienst —, hat der entscheidende Richter verzichtet; er hätte dem Kläger selbst dann eine Geldentschädigung zugesprochen, wenn die verspätet herausgegebene Sache ausschließlich zu Unterhaltungszwecken (Speichern und Abspielen von Musik) hätte eingesetzt werden sollen[2].

Eine genauere Untersuchung des Sachverhalts anhand der vom Bundesgerichtshof zur Abgrenzung des Vermögens- vom Nichtvermögensschaden im Laufe der Zeit herausgestellten Kriterien findet sich in der Entscheidung nicht. Zu fragen gewesen wäre, ob die Nutzungsmöglichkeit eines Tonbandgerätes „kommerzialisiert" ist, ob die Bewertung der Annehmlichkeit des Gebrauchs einer solchen Sache als Vermögenswert der heutigen Verkehrsauffassung entspricht, ob anerkannte Maßstäbe zur Bemessung der Höhe des Schadens zur Verfügung stehen, ob ein Tonbandgerät in aller Regel oder im konkreten Fall eingesetzt wird, um die Arbeitskraft rationeller verwerten zu können. Dies ist sicherlich in erster Linie darauf zurückzuführen, daß zum Zeitpunkt des Urteils die mittlerweile gefestigte Rechtsprechung zur entgangenen Nutzung von Kraftfahrzeugen noch wenig entwickelt war und die Annahme, jegliche Entbehrung einer Sachnutzung sei in Geld auszugleichender Vermögensschaden, zumindest nicht als abwegig erscheinen ließ. Im nachhinein betrachtet ist das Urteil des Amtsgerichts Iserlohn fragwürdig; ob der Bundesgerichtshof heute ebenso entscheiden würde, muß angesichts des „Pelzmantel"-Urteils[3] bezweifelt werden.

II. Privatboote

Zwei im Ergebnis gegensätzliche Entscheidungen sind ergangen zur Geldentschädigung für die zeitweilige Gebrauchsentbehrung des eigenen zur Freizeitgestaltung verwendeten Bootes: Das Landgericht Kiel[4] be-

---

[2] AG Iserlohn, VersR 1965, 1212.
[3] BGHZ 63, 393.
[4] LG Kiel, SchlHA 1973, 33.

urteilte die Einbuße im Falle einer Segelyacht als materiellen Schaden, das Kammergericht[5] hingegen versagte unter Hinweis auf § 253 BGB eine Geldentschädigung für den Ausfall der Nutzungsmöglichkeit eines Motorbootes. In beiden Urteilen wird auf einzelne vom Bundesgerichtshof herausgestellte Argumente und Abgrenzungskriterien aus der zu Automobilen ergangenen Rechtsprechung zurückgegriffen: Verwiesen wird darauf, daß der Eigentümer für Anschaffung und Unterhaltung des Bootes große Aufwendungen gemacht hat und ständig machen muß[6]; aufgrund des Gedankens des getätigten „Kaufs" der Annehmlichkeit, bzw. — was nur eine andere Betrachtungsweise dessen ist[7] — vom Analogieschluß der Frustrierungslehre her, ist dem Betroffenen in beiden Fällen eine Geldentschädigung zu gewähren. Dem Landgericht Kiel reicht dies zur Begründung aus; zu einem weiteren Gesichtspunkt aus dem Instrumentarium des Bundesgerichtshofes äußert sich die Kammer ablehnend. Den Grundsatz nämlich, daß das Fehlen anerkannter Maßstäbe zur geldmäßigen Bewertung der Gebrauchsentbehrung Indiz gegen den selbständigen wirtschaftlichen Wert der Nutzungsmöglichkeit ist, verwirft das Gericht; dieses Merkmal könne lediglich für die Schätzung der Höhe des Schadens bedeutsam sein[8]. So gewährt das Gericht dem Kläger DM 1 000,— pro Monat als Entschädigung für die entbehrte Sachnutzung seiner Segelyacht, indem es den Mietpreis für eine 4-Zimmer-Ferienwohnung als Vergleichsmaßstab heranzieht[9]. Näher gelegen hätte es hier wohl, von den Kosten einer Kreuzfahrt in einer hinsichtlich Unterbringung und Komfort dem Privatboot vergleichbaren Kategorie auszugehen und sodann davon die ersparten Unkosten abzusetzen. Solchen — geradezu detektivischen — Gespürs für Vergleichsobjekte hätte es indessen kaum bedurft: Wenn der Bundesgerichtshof sich nicht schwer tut, „anerkannte Maßstäbe" zur geldmäßigen Bewertung der Gebrauchsmöglichkeit eines 8-sitzigen Mercedes 600 zu finden[10], so müßte dies bei einer Segelyacht auch gelingen[11], indem man nämlich die gebrauchsunabhängigen zeitanteiligen Vorhaltekosten ermittelt und sodann einen diese „maßvoll übersteigenden" Betrag als Entschädigung zuspricht[12].

---

[5] KG, MDR 1972, 778.
[6] KG, MDR 1972, 778, 779; LG Kiel, SchlHA 1973, 33, 34.
[7] Vgl. oben, 1. Teil, B. V. 1.
[8] Ebenso: *Diederichsen*, Festschrift Klingmüller, S. 65, 74.
[9] LG Kiel, SchlHA 1973, 33, 34.
[10] Vgl.: BGH, NJW 1970, 1120.
[11] Siehe dazu auch: *Tolk*, JZ 1975, 530, 531 mit Fußn. 8.
[12] So verfährt die Rechtsprechung bei Kraftfahrzeugen, siehe oben, 1. Teil, A. III. 1. mit Nachweisen in Fußn. 25 und 26. Von der darin liegenden Verknüpfung von „Kommerzialisierungs-" und Frustrierungslehre hat sich das Oberlandesgericht Köln, NJW 1974, 560 im „Schwimmhallen"-Fall hinreißen lassen.

Anders hingegen sind die Überlegungen des Kammergerichts: Es setzt an bei der vom Bundesgerichtshof zur „Verkehrsauffassung" deklarierten Redewendung „Zeit ist Geld" und konstatiert sodann zutreffend, das Motorboot werde nicht angeschafft und unterhalten zur Einsparung von Zeit oder zum besseren Einsatz der Arbeitskraft, sondern im Gegenteil zum Zeitvertreib. Mithin habe der Kläger nur einen immateriellen Schaden erlitten, als er auf den Gebrauch der Sache verzichten mußte[13]. Gleiches ließe sich freilich von der Segelyacht sagen, die im Vergleich noch weniger bestimmt oder auch nur geeignet ist, Zeit einsparen zu helfen.

Deutlich wird an diesen beiden Urteilen, daß die Grenzziehung zwischen Vermögens- und Nichtvermögensschaden aufgrund der Hinweise, die sich aus der Rechtsprechung zur entgangenen Nutzung des eigenen Kraftfahrzeuges ergeben, unklar ist sowie, daß eine ganze Palette unterschiedlicher Auffassungen von der Funktion zivilrechtlichen Schadensersatzes, vom Begriff des Vermögensschadens und von seiner Berechnung in Betracht kommt: Das Kammergericht vertritt in seiner Begründung eine — wenn auch sehr weitherzig — noch an § 252 BGB orientierte Auffassung, indem es ermittelt, ob das Boot in irgendeiner Weise für den Kläger „gewinnbringend" von ihm verwendet worden wäre (Zeitersparnis, rationellerer Einsatz der Arbeitskraft). Das Landgericht Kiel hingegen verfolgt unausgesprochen — so erscheint es — die Lehre vom Strafzweck zivilrechtlichen Schadensersatzes. Es fällt auf, daß außer dem in letzter Konsequenz die Grenze zwischen Vermögens- und Nichtvermögensschaden beseitigenden[14] Gesichtspunkt des mit Geldmitteln „erkauften" Genusses keine weitere Begründung gegeben wird für die Auffassung, der Betroffene habe einen materiellen Schaden erlitten, und daß auch die Höhe der Entschädigung recht willkürlich festgelegt wird[15]. Die Beklagten hatten indessen die Segelyacht vorsätzlich entwendet. Ratio decidendi mag daher für die Kammer gewesen sein, daß die Rechtsordnung für dieses Verhalten eine die Täter treffende Reaktion bereithalten müsse[16]. Gewissermaßen zwischen den Zeilen des Urteils gewinnt man den auch von *Hermann Lange* konstatierten und von ihm für gerechtfertigt erachteten Eindruck, die Frage nach der Ersatzpflicht werde nach dem Grad des Verschuldens, nach dem Wert- oder Unwerturteil, über die Partei beantwortet[17].

---

[13] KG, MDR 1972, 778, 779.
[14] So: *Diederichsen*, Festschrift Klingmüller, S. 65, 73 f.
[15] In diesem Sinne auch: *Knobbe-Keuk*, VersR 1976, 401, 403.
[16] Eine strafrechtliche Ahndung kommt nur unter dem Gesichtspunkt eines Diebstahls in Betracht, was jedoch voraussetzt, daß die Täter den Kläger *auf Dauer* von der Nutzung ausschließen wollten; § 248 b StGB wäre bei dem Motorboot, nicht aber der Segelyacht, tatbestandsmäßig erfüllt.
[17] *Hermann Lange*, AcP 152, 153, 166 f.

Ähnliche Empfindungen hat z. B. auch *Bötticher* geäußert, als er meinte, die Benutzung eines Landhauses durch einen Vagabunden beispielsweise dürfe doch nicht deshalb sanktionslos bleiben, weil der Eigentümer keine konkrete Vermögenseinbuße erlitten habe, dies könne „doch nicht angehen"[18].

Gegen solche Überlegungen innerhalb des Schadensrechts sind bereits[19] Bedenken geltend gemacht worden, auf die an dieser Stelle verwiesen werden kann. Dieser Befrachtung des Zivilrechts mit strafrechtlichen Erwägungen hätte es im „Segelyacht"-Fall m. E. nicht bedurft: Die Schädiger hatten ohne Rechtsgrund „auf sonstige Weise" die Gebrauchsmöglichkeit der Sache erlangt und waren gem. §§ 812 Abs. 1, 818 Abs. 2 BGB zur Herausgabe des Wertes des Erlangten verpflichtet; auf den Fortfall der Bereicherung könnten sie sich gem. §§ 819 Abs. 1, 818 Abs. 4, 292, 989, 990 BGB nicht berufen.

III. Pelzmantel

Weiterhin war seitens der Rechtsprechung die Frage zu beantworten, ob es ein Vermögensschaden ist, wenn man zeitweilig darauf verzichten muß, einen Pelzmantel tragen zu können. Die hierzu ergangene Entscheidung des Bundesgerichtshofes[20] verdient deshalb besondere Aufmerksamkeit, weil sie jüngeren Datums ist, so daß sich an ihr der gegenwärtige Entwicklungsstand der Rechtsprechung zum Begriff des Vermögensschadens ablesen lassen müßte. Der fragliche Schadensersatzanspruch gründete sich darauf, daß es dem beklagten Kürschner nicht gelungen war, einen Ottermantel zur Zufriedenheit des Käufers und seiner Ehefrau passend zu machen. Im Rahmen einer Forderung auf Schadensersatz wegen Nichterfüllung gemäß § 463 BGB wurde u. a. Zahlung von DM 1 700,— verlangt als Entschädigung dafür, daß der Mantel nicht getragen werden konnte; das Begehren wurde in 2. und 3. Instanz übereinstimmend unter Hinweis auf § 253 BGB als unberechtigt abgewiesen.

Kernpunkt der Begründung — und daher wohl auch das entscheidende Abgrenzungskriterium nach dem Verständnis der hier erörterten Rechtsprechung — ist, daß der Möglichkeit, seinen Pelzmantel tragen zu können, nach der Verkehrsauffassung kein Vermögenswert zukomme, weil das Gut nicht „kommerzialisiert" sei[21]. Die „Kommerzialisierung" wird hierbei vom Bundesgerichtshof dahingehend definiert, daß der entbehrte Genuß durch besondere Vermögensaufwendungen

---

[18] *Bötticher*, AcP 158, 385, 406.
[19] Oben, 1. Teil, B. I. 2.
[20] BGHZ 63, 393; Berufungsurteil: HansOLG Hamburg, MDR 1973, 847.
[21] BGHZ 63, 393, 398; HansOLG Hamburg, MDR 1973, 847.

erkauft wird — dies deckt sich im Ergebnis mit der Frustrierungslehre[22] — und daß die Sache typischerweise von dem Berechtigten gegen eine nach anerkannten Grundsätzen zu bemessende Vergütung gewinnbringend verwendet werden kann[23]. Da das Mieten eines Ersatzmantels durch den Kläger ebenso abwegig war wie die Überlassung des Kleidungsstücks gegen Entgelt an Dritte, ist der in der Gebrauchsentbehrung liegende Schaden lediglich ein immaterieller[24].

Die Berufungs- und auch die Revisionsentscheidung zeigen mit einiger Deutlichkeit die Schwierigkeiten, welche die auf unterschiedliche Gesichtspunkte gestützte Abgrenzung des Vermögens- vom Nichtvermögensschaden heraufbeschworen hat. Erkennbar wird dies auch im Text der Urteilsgründe selbst, wo es heißt, die in § 253 BGB getroffene Regelung solle und dürfe nicht völlig ausgehöhlt werden[25], vielmehr seien in anderen Fällen als des der Gebrauchskarenz von Kraftfahrzeugen die „allgemeinen" Grundsätze zu beachten[26]. Die Ungereimtheiten, die hierbei im Vergleich zu der als Ausgangspunkt gewählten Rechtsprechung zutage treten, sind mannigfaltig: Hätte der Kläger, ob dies allgemein üblich ist oder nicht, für den entsprechenden Zeitraum ein Ersatzkleidungsstück gemietet, so könnte er die Kosten dafür ersetzt verlangen; soll hier — anders als bei Kraftwagen — der Verzicht dem Schuldner zugute kommen? Wieso ist es von Bedeutung, daß der Kläger den Mantel nicht habe gewinnbringend nutzen wollen? Auch der Eigentümer eines Automobils wird nicht als potentieller Vermieter angesehen[27]. Stehen nicht auch — entgegen der Ausführung des Bundesgerichtshofes[28] — bei einem *Luxus*fahrzeug die Freude am Gebrauch und das Bedürfnis des „Vorführens" im Bekanntenkreis im Vordergrund[29]? Teilweise wird diese Frage auch bejaht, nämlich insofern, als die Rechtsprechung bei dem Gebrauch eines nicht gleichwertigen Ersatzwagens dem Betroffenen einen Ausgleich in Geld für den Komfortverlust verweigert, die „Freude am Fahren" also als Liebhaberinteresse ansieht[30].

Offenbar wird an dieser Entscheidung folgendes: Die Rechtsprechung ist bemüht, nicht alle Entbehrungen, die „erkauft" worden sind, als Vermögensschäden anzuerkennen. Ein abschließendes klärendes Wort

---

[22] Vgl. oben, 1. Teil, B. V. 1
[23] BGHZ 63, 393, 397.
[24] BGHZ 63, 393, 398; HansOLG Hamburg, MDR 1973, 847.
[25] BGHZ 63, 393, 397.
[26] HansOLG Hamburg, MDR 1973, 847, 848.
[27] Vgl. oben, 1. Teil, A. V. 3. mit Fußn. 150; so auch: *Tolk*, JZ 1975, 530, 531 mit Fußn. 21.
[28] BGHZ 63, 393, 398.
[29] Vgl. auch: *Tolk*, JZ 1975, 530, 531.
[30] Siehe oben, 1. Teil, A. III. 3. mit Nachweisen in Fußn. 39.

ist damit jedoch noch nicht gesprochen; fest steht, daß von der Zubilligung einer Geldentschädigung für den Ausfall des Kraftfahrzeuges nicht abgegangen wird. Sie ist zu verstehen als die zu einer typischen Fallgestaltung ergangene und gefestigte Judikatur, deren Verallgemeinerung im Sinne einer Übertragung der Entschädigungspflicht auf jeden Fall entbehrter Verfügungsmöglichkeit über Sachen nicht bedenkenlos möglich ist[31]. Entscheidendes Abgrenzungskriterium soll die von der Verkehrsauffassung anerkannte „Kommerzialisierung" sein. An der Praktikabilität dieses Merkmals bestehen indessen Zweifel[32].

B. Die entbehrte oder beeinträchtigte Nutzung unbeweglicher Sachen

Die Rechtsprechung hat sich zudem auch mit der Frage der Geldentschädigung für entgangenen oder beeinträchtigten Gebrauch unbeweglicher Sachen zu befassen gehabt. Die Problematik stellt sich auch hier bei dem Begriff des Vermögensschadens, weil die ohne Beschaffung eines Ersatzes hingenommene Entbehrung letztlich nicht als vermögensmäßiger Fehlbetrag in der Bilanz des Betroffenen ausgewiesen ist.
Die früheste Entscheidung, von der es in diesem Zusammenhang zu berichten gilt, betrifft den „Clubhaus"-Fall[1]. Der Kläger verlangte eine Geldentschädigung dafür, daß er durch die von einem benachbarten Soldaten-Club ausgehenden Lärmbelästigungen in der Nutzung seiner Wohnung beeinträchtigt wurde. Der Bundesgerichtshof gewährte ihm einen Geldbetrag zum Ausgleich für die — ein Unterlassungsanspruch war wegen des hoheitlichen Betriebes des Clubs nicht gegeben — von ihm hinzunehmenden Immissionen. Der Senat begründete die trotz § 253 BGB gegebene Entschädigungspflicht in Geld mit zwei Überlegungen[2]: Zum einen wurde gesagt, bei unbefugtem Eingriff in ausschließliche Rechte sei eine Schadensberechnung auf hypothetischer Grundlage möglich, auch wenn sich beim Verletzten eine konkrete Vermögensminderung nicht feststellen lasse; als geschuldeter Ersatz wurde mithin derjenige Geldbetrag angesehen, den der Kläger für die Gestattung der Lärmbelästigungen hätte fordern können; dies beruht auf der Fiktion eines Lizenzvertrages[3]. Zum anderen wurde vorbehalt-

---

[31] So bereits: *Schmidt-Salzer*, BB 1970, 55, 63.
[32] Siehe oben, 1. Teil, B. V. 3.; in diesem Sinne auch: *Tolk*, JZ 1975, 530, 532. Im gegebenen Fall mag man, wenn man nicht den Satz „Alles hat seinen Preis" als Verkehrsauffassung ansieht, mit *Honsell*, JuS 1976, 222, 227 die Auffassung des Bundesgerichtshofes in diesem Punkt für zutreffend halten, viel ist damit jedoch nicht gewonnen.
[1] BGH, NJW 1963, 2020.
[2] Siehe: BGH, NJW 1963, 2020, 2021.

los die Frustrierungslehre vertreten; der Senat führte nämlich aus, die zur Ermöglichung eines ruhigen Wohnens infolge der von dem Clubbetrieb ausgehenden Einwirkungen weitgehend hinfällig gewordenen Aufwendungen könnten als Vermögensschaden geltend gemacht werden. Die Entscheidung, die noch vor der ersten Stellungnahme des Bundesgerichtshofes zur Entschädigung für den Nutzungsausfall des Kraftwagens ergangen ist, enthält in der Argumentation bereits zwei — freilich recht knapp angesprochene — Gesichtspunkte, die in der Folgezeit Eingang in das Instrumentarium der Rechtsprechung fanden.

Unter Verweis auf die eben dargestellte Entscheidung und die inzwischen eingesetzte Beurteilung des Gebrauchsausfalls von Kraftfahrzeugen sprach das Kammergericht in einem Urteil vom 17. 11. 1966[4] einen Geldbetrag zum Ersatz eines Verzugsschadens zu, der sich daraus ergab, daß die Kläger ihr Hausgrundstück mehrere Monate lang nicht nutzen konnten; der Wert der entbehrten Sachnutzung wurde mit den Mietpreisen von Vergleichsobjekten veranschlagt. Das Kammergericht referierte die Rechtsprechung zum Nutzungsausfall von Automobilen dahingehend, daß die Beeinträchtigung oder Verhinderung der üblicherweise im Geschäftsverkehr entgeltlich überlassenen Benutzungsmöglichkeit einer Sache „zugleich eine Beeinträchtigung des mit den Vermögensaufwendungen erstrebten vermögenswerten Äquivalents, mithin ein echter Vermögenschaden" sei[5]. Dies entspricht dem oben dargestellten[6] Verständnis der „Kommerzialisierungs"-Lehre: Der üblicherweise, in aller Regel gegen Entgelt erlangte Genuß hat Vermögenswert, wird er verhindert oder beeinträchtigt, entsteht bei dem Betroffenen ein Vermögensschaden.

Aus dem Jahre 1967 stammt eine Entscheidung des 8. Zivilsenats des Bundesgerichtshofes[7], worin der Klägerin als Entschädigung für die zeitweilige Unbenutzbarkeit ihres Hauses ein Geldbetrag zugesprochen wurde. Den Umstand, daß die Geschädigte nicht bewiesen hatte, daß sie das Haus ohne das Schadensereignis in dem fraglichen Zeitraum selbst bewohnt oder vermietet hätte, hielt der Senat für unerheblich; dies brauche — so heißt es in den Urteilsgründen — der in der Gebrauchsmöglichkeit seines Kraftwagens Betroffene nach der Rechtsprechung des Bundesgerichtshofes nicht zu tun, es gelte nämlich „der Satz, daß bei Verletzung ausschließlicher Rechte ... eine Schadensberechnung auf hypothetischer Grundlage möglich" sei, „auch wenn sich

---

[3] Dieses Vorgehen, das bei der Verletzung gewerblicher Schutzrechte anerkannt ist, wurde bereits oben (1. Teil, B. II. 4.) skizziert; darauf ist im 5. Teil zurückzukommen.
[4] KG, NJW 1967, 1233.
[5] KG, NJW 1967, 1233, 1234.
[6] 1. Teil, B. V. 1.
[7] BGH, NJW 1967, 1803.

beim Verletzten eine konkrete Vermögensminderung nicht feststellen" lasse[8]. Damit ist allerdings zweierlei ausgedrückt: Beruft man sich auf die Rechtsprechung zur Entschädigung für den Nutzungsausfall von Kraftfahrzeugen, so mag man mit dem Kammergericht[9] die „Kommerzialisierungs"-Lehre vertreten, hätte dann jedoch über das vom Bundesgerichtshof bereits betonte Erfordernis der „Fühlbarkeit" der Entbehrung[10] nicht hinweggehen dürfen. Die im Anschluß an die „Clubhaus"-Entscheidung[11] für zulässig erachtete „Schadensberechnung auf hypothetischer Grundlage" hingegen beruht auf der Fiktion eines Lizenzvertrages; gewohnheitsrechtlich anerkannt ist sie zunächst nur bei der Verletzung ausschließlicher *Immaterial*güterrechte[12]. Der erste Gedanke also geht in Richtung auf die Übernahme eines Schadens*begriffs*, der von der auf einer Rechenoperation beruhenden überkommenen Differenzhypothese der Interessenlehre abweicht; hingegen beinhaltet die zweite Überlegung den Versuch, einem Sonderfall der Schadens*berechnung* über seinen anerkannten Anwendungsbereich hinaus Geltung zu verschaffen.

Das Oberlandesgericht Oldenburg[13] gewährte als Schadensersatz ein Drittel des anteiligen von dem Kläger bereits entrichteten Pachtzinses dafür, daß dieser in der Ausübung seines Jagdrechts auf dem von ihm gepachteten Grundstück infolge des durch Verlegung von Rohrleitungen bedingten Lärms beeinträchtigt war[14]. Eine Begründung, warum der Kläger durch den Verlust von Jagdfreude und -erlebnis einen Vermögensschaden erlitten habe, bleibt die Entscheidung — soweit sie veröffentlicht ist — weitgehend schuldig. Angeführt wird nur, daß während des fraglichen Zeitraums der Betroffene keinen Gegenwert für den in voller Höhe entrichteten Pachtzins erhalten habe, was auf das Verständnis der Frustrierungslehre bzw. der ihr entsprechenden Betonung des „Kaufs" der Annehmlichkeit hindeutet.

Nicht in diese Entwicklung paßt eine Entscheidung des Oberlandesgerichts Düsseldorf[15], welches der Rechtsprechung des Bundesgerichts-

---

[8] BGH, NJW 1967, 1803, 1804.
[9] KG, NJW 1967, 1233, 1234.
[10] So bereits eindeutig: BGHZ 45, 212, 219.
[11] BGH, NJW 1963, 2020.
[12] Vgl. oben, 1. Teil, B. II. 4. mit Nachweisen in Fußn. 78.
[13] OLG Oldenburg, VersR 1969, 527.
[14] Nicht in diesem Zusammenhang zu erörtern ist die ebenfalls als „Jagdpacht"-Fall bekannte Entscheidung des Bundesgerichtshofes (BGHZ 55, 146), da hier die Entbehrung nicht auf Einwirkung auf das Objekt der Nutzung, sondern auf die Person des Gebrauchsberechtigten zurückzuführen war; diese Einbuße wird von der Rechtsprechung als immaterieller Schaden angesehen, vgl. oben, 1. Teil, B. III. 2. mit Nachweisen in Fußn. 100.
[15] OLG Düsseldorf, NJW 1973, 659.

hofes zur Geldentschädigung für die beeinträchtigte Nutzung eines Hauses die Gefolgschaft verweigert hat. Aufgegriffen wird von dem Senat der vom Bundesgerichtshof angesprochene Gedanke des „Erkaufens" der Annehmlichkeit und sodann als taugliches Abgrenzungskriterium des Vermögens- vom Nichtvermögensschaden abgelehnt, weil § 253 BGB sodann zur Bedeutungslosigkeit herabsinken würde. Die „Verkehrsauffassung" deutet das Oberlandesgericht Düsseldorf dahingehend, daß lediglich dem Substanzwert, nicht aber der Gebrauchsmöglichkeit einer Sache ein wirtschaftlicher Wert gemeinhin zugesprochen werde[16]. Eine Weiterführung der im übrigen für verfehlt gehaltenen Rechtsprechung zum Nutzungsausfall von Kraftfahrzeugen im Hinblick auf die Zubilligung von Geldersatz für den entbehrten oder beeinträchtigten Gebrauch anderer Sachen wird von dem Gericht daher abgelehnt.

Des weiteren ist in diesem Zusammenhang eine Entscheidung des Oberlandesgerichts Köln[17] zu erwähnen, das den Nutzungswert einer privaten Schwimmhalle von 12 m Länge, deren Herstellungsaufwand DM 200 000,— betragen hatte, mit mindestens DM 5 000,— p. a. veranschlagte und daher die Klage eines Bauunternehmers auf Zahlung des Werklohnes als unbegründet abwies, weil dessen Forderung u. a. durch den Entschädigungsanspruch des Beklagten für die entbehrte Gebrauchsmöglichkeit seiner Schwimmhalle ausgeglichen werde. In eigentümlicher Weise verbindet der Senat hierbei die „Kommerzialisierungs"- mit der Frustrierungslehre[18]: Die Frage, ob die vereitelte Nutzungsmöglichkeit einer Sache ein Vermögensschaden ist, beantwortet das Oberlandesgericht Köln nach dem der „Kommerzialisierungs"-Lehre entstammenden Abgrenzungskriterium des Bestehens oder Fehlens objektiver Gesichtspunkte, d. h. eines „Marktpreises" zur Bemessung des Wertes der Gebrauchsmöglichkeit[19]. Als sich herausstellt, daß solche „objektiven Gesichtspunkte", also ein üblicher Mietzins für eine Schwimmhalle dieser Art, sich nicht finden lassen, schwenkt die Begründung des Gerichts über zum Frustrierungsgedanken; die von dieser Lehre entwickelte Schadensberechnungsmethode hält der Senat nämlich für geeignet, auch in diesem Fall den Wert des Entbehrten ausdrücken zu können[20]: Ausgegangen wird von der Abschreibung zuzüglich angemessener Verzinsung der Herstellungskosten. Bei der Verquickung dieser beiden in sich nicht deckungsgleichen Lehren wird indessen genau das erreicht, was der Bundesgerichtshof mit seiner „Kom-

---

[16] OLG Düsseldorf, NJW 1973, 659, 660.
[17] OLG Köln, NJW 1974, 560.
[18] *Tolk*, JZ 1975, 530, 532.
[19] OLG Köln, NJW 1974, 560.
[20] OLG Köln, NJW 1974, 560, 561.

B. Unbewegliche Sachen

merzialisierungs"-Lehre und dem Abstellen auf die Verkehrsauffassung zu verhindern bemüht ist, nämlich daß auch die Vereitelung nicht marktgängiger Genüsse zu Vermögensschäden erklärt und § 253 BGB damit völlig ausgehöhlt werden; die Ermittlung des Wertes der Eigennutzung anhand der Frustrierungslehre führt stets zu klaren Geldbeträgen[21].

Schließlich ist noch auf ein Urteil des 5. Zivilsenats des Bundesgerichtshofes aus dem Jahre 1976 einzugehen[22]. Der Kläger beanspruchte Ersatz eines Teiles des ihm daraus erwachsenen Schadens, daß die Beklagte das auf seinem Grundstück zu errichtende Einfamilienhaus nur mit einer Verspätung von sieben Monaten gegenüber dem vereinbarten Zeitpunkt der Fertigstellung zu übergeben vermochte. Seinen Verzugsschaden berechnete der Kläger hierbei nach dem Mietwert des Hauses von monatlich DM 2 000,— unter Bezugnahme auf die Rechtsprechung zur Entschädigung für den zeitweiligen Gebrauchsverlust eines Kraftfahrzeugs. Der Senat folgte diesem Gedanken jedoch nicht und wies die Klage auf Erstattung des Nutzungsausfallschadens ab. Die Begründung, die das Gericht in seiner Entscheidung anführt, ist zweigliedrig; sie enthält einen rechtsdogmatischen Teil und sodann auch Ausführungen zur Angemessenheit des gefundenen Ergebnisses. Die Argumentation des Senats im Bereich der Erörterung schadensrechtlicher Lehren hat mehr punktuellen Charakter, als daß sie sich zu einer geschlossenen Konzeption verdichten würde. Der Leitgedanke der Entscheidung ist die Zurückhaltung gegenüber einem verallgemeinernden Gedankenschluß des Inhalts, daß in Anknüpfung an die Rechtsprechung zum Schadensersatz für den Nutzungsausfall von Kraftfahrzeugen auch der Verlust der Gebrauchsmöglichkeit anderer Gegenstände des Rechtsverkehrs als Vermögensschaden bewertet werden müsse. Konkret geht das Gericht auf einzelne Schadenslehren ein. Zu dem „Kommerzialisierungs"-Gedanken wird angemerkt, daß er nicht allgemein tragfähig sei, weil Genußmöglichkeiten sich heute weitgehend mit Geld erkaufen ließen, so daß als Vermögensschaden in diesem Sinne beispielsweise auch entgangene Freizeit angesehen werden müßte. Weiterhin äußert der Senat noch zwei Bedenken gegenüber dem Verständnis der „Kommerzialisierungs"-lehre von der Gebrauchsmöglichkeit als Vermögensgut: Es sei nämlich zu fragen, ob die Gebrauchsmöglichkeit einen eigenen Vermögenswert auch dann habe, wenn sie nicht auch rechtlich verselbständigt sei; auch könne der entbehrte Sachgebrauch nachgeholt werden, der Schaden könne daher allenfalls in der zeitlichen Verschiebung der Nutzung liegen[23]. Diese Einwände sind indessen nicht min-

---

[21] Vgl.: BGHZ 63, 393, 398; der von dem Kläger vorgenommenen Berechnung des Gebrauchswertes des Pelzmantels nach der Frustrierungslehre verweigerte der Senat die Anerkennung.
[22] BGH, NJW 1976, 1630.

der berechtigt gegenüber einer Entschädigung für den zeitweiligen Verlust der Gebrauchsbereitschaft des Kraftfahrzeugs, wie die Rechtsprechung sie dem Betroffenen unter Anführung des „Kommerzialisierungs"-Gedankens zuspricht: Der unfallgeschädigte private Fahrzeughalter hat weder die Nutzungsmöglichkeit rechtlich verselbständigt, z. B. durch das Vermieten des Wagens, noch büßt er die Gebrauchsvorteile unwiederbringlich, d. h. auf Dauer, ein.

Aufmerksamkeit erregt auch die Urteilspassage, die sich mit der Lehre vom Bedarfsschaden befaßt. Der Senat führt hierzu aus, die Tragfähigkeit dieser Lehre sei dann überschritten, wenn der Geschädigte tatsächlich seinen Bedarf gedeckt habe, dennoch an Stelle der Kosten der Ersatzbeschaffung eine Entschädigung für die entgangene Nutzung der entbehrten Sache verlange[24]. Diese Aussage deckt sich zwar mit der Judikatur zum entgangenen Gebrauch des Kraftfahrzeugs, die eine Entschädigung für „Komfortverlust" ablehnt[25], sie entspricht indessen nicht der Lehre vom Bedarfsschaden: Nach der Auffassung *Zeuners* kann das aufgedrängte Passivum nämlich unabhängig von der tatsächlichen Bedarfsdeckung durch den Betroffenen stets als Schaden geltend gemacht werden[26], mithin auch dann, wenn der Geschädigte auf eine Substitution nicht verzichtet hat. Sofern er hierfür weniger hat aufwenden müssen, als es erforderlich wäre zur Herstellung des Zustandes, der ohne das zum Ersatz verpflichtende Ereignis bestünde (§ 249 Satz 2 BGB), vermag dies den Schädiger nicht zu entlasten.

Dem von der Revision vorgebrachten Einwand, die Rechtsprechung des Bundesgerichtshofs habe in der Beeinträchtigung oder Vorenthaltung des Gebrauchs von Grundstücken durchweg einen der Geldentschädigung zugänglichen Vermögensschaden gesehen, begegnet das Gericht mit einem Gedanken, der in der Rechtsprechung noch nicht geäußert worden war: Der Senat begründet sein Abweichen von den bisherigen Entscheidungen zum entgangenen Gebrauch von Grundstücken nämlich mit der Unterscheidung zwischen der Beeinträchtigung in Ausschließlichkeitsrechten und der Verletzung schuldrechtlicher Ansprüche[27]. Auf eine unterschiedliche schadensrechtliche Beurteilung der Gebrausentbehrung in den Fällen von Forderungsverletzung einerseits und Verletzung von Ausschließlichkeitsrechten andererseits hat sich der Bundesgerichtshof in dieser Entscheidung indessen noch nicht festgelegt. Auch in diesem Punkt ist das Urteil in der Argumentation tastend und Bedenken aufwerfend, jedoch ohne dezidierte Aussage.

---

[23] BGH, NJW 1976, 1630; hiergegen *Hansen*, VersR 1977, 510, 511.
[24] BGH, NJW 1976, 1630, 1631.
[25] Siehe oben, 1. Teil, A. III. 3. mit Nachweisen in Fußn. 39.
[26] *Zeuner*, AcP 163, 380, 396; *Zeuner*, Gedächtnisschrift Dietz, S. 99, 118.
[27] BGH, NJW 1976, 1630, 1631.

C. Zusammenfassung

Die referierten Entscheidungen zur Entschädigung für die entgangene oder beeinträchtigte Gebrauchsmöglichkeit von beweglichen und unbeweglichen Sachen stehen in enger sachlicher Beziehung zu der Rechtsprechung zur entbehrten Fahrzeugnutzung. Von der Sache her muß es zunächst naheliegen, die Entbehrung des Sachgebrauchs nicht nur bei Kraftfahrzeugen, sondern allgemein als Vermögensschaden anzusehen. Indessen hat die Judikatur nur vereinzelt eine vorbehaltlose schadensrechtliche Gleichstellung der entgangenen Gebrauchsvorteile bei Automobilen mit jenen anderer Sachen vollzogen[1]. Soweit hierbei hingegen im einzelnen die vom Bundesgerichtshof angeführten Kriterien zur Abgrenzung des materiellen vom immateriellen Schadens aufgegriffen wurden, offenbaren die jeweiligen im Ergebnis oftmals gegensätzlichen Entscheidungen, daß sich die Gerichte unterer Instanzen auch bei Anknüpfung an das höchstrichterlich vorgegebene schadensrechtliche Instrumentarium schwer tun bei der Scheidung des Vermögens- vom Nichtvermögensschaden.

Auch der Bundesgerichtshof selbst läßt in seinen jüngsten Urteilen[2] erkennen, daß er die rechtsdogmatischen Grundlagen seiner Rechtsprechung zur Entschädigung für die entgangenen Gebrauchsvorteile des Automobils nicht als gesichert ansieht[3]. Er begreift diese Judikatur nunmehr als eine auf die Regulierung von Kraftfahrzeugschäden ausgerichtete schadensrechtliche Besonderheit; die zur Begründung des Vermögensschadens im einzelnen angeführten Überlegungen sollen jedoch eher von provisorischem oder rhetorischem Charakter sein, als daß sie eine allgemeingültige begriffliche Aussage zum materiellen Schaden beinhalten würden. Deutliches Zeugnis von dieser Distanz zu dem zuvor vertretenen Gedanken der „Kommerzialisierung" legen die hiergegen nunmehr vorgebrachten Bedenken ab, da diese nämlich auch die Rechtsprechung zum Nutzungsausfall von Kraftfahrzeugen zu Fall bringen.

Auffallend ist schließlich auch, daß in den beiden jüngsten Entscheidungen des Bundesgerichtshofes, die den Klägern übereinstimmend eine Geldentschädigung für die entgangene Gebrauchsmöglichkeit der Sache (Pelzmantel, Einfamilienhaus) versagen, über das Ausmaß einer vertraglichen Schadensersatzpflicht zu urteilen war. Aus dieser Feststellung ergibt sich die Frage, ob auch im Rahmen des Verständnisses des Begriffs des Vermögensschadens und damit im Umfang der ge-

---
[1] Zu nennen sind hier: AG Iserlohn, VersR 1965, 1212; KG, NJW 1967, 1233; OLG Oldenburg, VersR 1969, 527; LG Kiel, SchlHA 1973, 33; OLG Köln, NJW 1974, 560.
[2] BGHZ 63, 393; BGH, NJW 1976, 1630.
[3] So ganz deutlich: BGH, NJW 1976, 1630.

schuldeten Entschädigungsleistung zu unterscheiden ist zwischen dem vertraglich begründeten Anspruch wegen enttäuschter Leistungserwartung einerseits und dem sich als Reaktion auf den Eingriff in eine absolute Rechtsposition darstellenden deliktischen Schadensersatzanspruch andererseits. Die vorbezeichnete Möglichkeit schadensrechtlicher Differenzierung nach der Grundlage des Ersatzbegehrens hat der Bundesgerichtshof zwar angesprochen[4], seine Stellungnahme hierzu steht jedoch noch aus.

---

[4] Vgl.: BGH, NJW 1976, 1630, 1631.

Dritter Teil

Die Rechtsprechung zur Entschädigung in Geld für entgangene Urlaubsfreude, Freizeitverlust und Arbeitsausfall

Die Rechtsprechung, deren erster Schwerpunkt bei der Abwicklung von Verkehrsunfällen liegt, erschöpft sich indessen nicht in der Beurteilung der schadensrechtlichen Natur entbehrter Sachnutzung. Wie bereits bei der Analyse der Argumentation des Bundesgerichtshofs angesprochen[1], weisen die im einzelnen hierbei in bezug genommenen Schadenslehren nicht nur hinsichtlich der Entschädigung für verhinderten oder beeinträchtigten Sachgebrauch über die Differenzhypothese der Interessenlehre hinaus, sondern lassen vielfach entgangene Genüsse allgemein als Vermögensschäden erscheinen. So erging Judikatur auch zur Entschädigungspflicht für ganz oder teilweise entbehrten Urlaubsgenuß, für den Verlust an Freizeit sowie für Arbeitsausfall. In den Urteilsgründen ist bei der Beurteilung dieser Komplexe oftmals an den Begriff des Vermögensschadens angeknüpft worden, wie er sich aus der Behandlung des Fortfalls der Gebrauchsmöglichkeit des Kraftfahrzeuges ergab. Bei Referierung und Analyse dieser Anschlußrechtsprechung verdienen sowohl die im Tatsächlichen liegenden Unterschiede der Sachverhalte, als auch die Ausgestaltung sowie Fortentwicklung der vorgefundenen Argumentationsweisen besondere Aufmerksamkeit. Wie sich erweisen wird, entbehren die verschiedenen Einbußen bei aller notwendigen Differenzierung nicht eines inneren Zusammenhanges, was die gemeinsame Abhandlung in einem Teil der Untersuchung nahelegt.

A. Der ganz oder teilweise entgangene Urlaubsgenuß

Die Frage der Schadensersatzverpflichtung für entgangene Urlaubsfreude kann sich aus drei möglichen Sachverhaltskonstellationen heraus ergeben: Der Betroffene mag entweder aufgrund einer von dem Schädiger zu verantwortenden Einwirkung auf seine Person (insbesondere Körperverletzung) seinen Urlaub nicht wie geplant gestalten können, oder er mag dafür vorgesehene Sachen (Kleidung, Kraftfahrzeug, Sportgeräte usw.) nicht verfügbar haben; als dritte Möglichkeit kommt noch

---
[1] Siehe oben, 1. Teil, B. IV., B. V. 1., B. V. 3.

in Betracht, daß die vertraglich in bezug auf die Urlaubsgestaltung geschuldete Leistung nicht (die gebuchte Unterkunft ist besetzt) oder nur mangelbehaftet (die Unterkunft ist schlechter als zugesagt) erbracht wird. Die Frage, ob der Betroffene einen Entschädigungsbetrag zum Ausgleich dafür verlangen kann, daß der Urlaub tatsächlich nicht in der vorgesehenen Weise ablief, stellt sich unter zwei Gesichtspunkten, denn das Schadensereignis berührt ihn in doppelter Hinsicht: Einerseits wird er das Empfinden haben, das tatsächlich Erlangte sei den von ihm zur Gestaltung des Urlaubs (Reise-, Unterbringungskosten usw.) aufgewendeten Geldbetrag nicht „wert"; andererseits wird es ihn reuen, daß die — oftmals begrenzte — Urlaubs*zeit* verbraucht ist, ohne daß sie in gebührendem Umfang zur Erholung verwendet werden konnte. Unter jedem der beiden Aspekte ist zu ermitteln, ob die entgangene Urlaubsfreude ein Vermögensschaden ist, dessen Geldentschädigung durch § 253 BGB nicht ausgeschlossen wird. Sie sind indessen getrennt zu erörtern.

I. Die ganz oder teilweise „vergeudeten" Geldmittel zur Urlaubsgestaltung

Die früheste Entscheidung zu diesem Komplex ist die des Bundesgerichtshofes im „Seereise"-Fall[1]. Der Senat billigte das Urteil der Vorinstanz, die DM 300,— Schadensersatz dafür zugesprochen hatte, daß infolge des Verschuldens eines Zollbeamten das Reisegepäck des Klägers und seiner Ehefrau nicht an Bord geriet, und diese daher während der von ihnen gebuchten Kreuzfahrt nicht in gewohntem Umfang Kleider und Wäsche wechseln konnten; hierbei wurde der Entschädigungsbetrag für die Ehefrau mit DM 200,—, der für den Mann hingegen mit DM 100,— veranschlagt. Die Begründung dafür, daß die Betroffenen einen Vermögensschaden erlitten, wird vom Bundesgerichtshof mit Hilfe des „Kommerzialisierungs"-Gedankens geführt: Bei dem mit der Reise erstrebten Genuß handele es sich, da er in aller Regel nur durch entsprechende Vermögensaufwendungen „erkauft" werden könne und hier auch tatsächlich erkauft worden sei, um einen in gewissem Sinne „kommerzialisierten" Genuß, so daß eine Beeinträchtigung des mit den gemachten Vermögensaufwendungen erstrebten vermögenswerten Äquivalents gegeben sei[2]. Erstmals ist mit diesem Urteil der Vermögensschadensbegriff der Interessenlehre durch den des „Kommerzialisierungs"-Gedankens ersetzt worden, der später beim Nutzungsausfall von Sachen eine große Rolle spielen sollte. Ein genaueres Überdenken dieses Gesichtspunktes im Hinblick auf Konsequenzen und Praktikabilität unterblieb jedoch zunächst.

---

[1] BGH, NJW 1956, 1234.
[2] BGH, NJW 1956, 1234, 1235.

A. Entgangener Urlaubsgenuß

In der Folgezeit erging eine Reihe von Entscheidungen zur Geldentschädigung für entgangene Urlaubsfreude, wobei durchweg im Einklang mit dem „Seereise"-Urteil Ersatz gewährt wurde[3]. Vereinzelt verstand man die Ausführungen des Bundesgerichtshofes in der Ausgangsentscheidung auch dahingehend, daß nicht nur eine teilweise Erstattung der Kosten der Urlaubsreise geschuldet sei, sondern zudem ein Geldbetrag zum Ausgleich für die beeinträchtigten Erholungstage zugesprochen werden müsse[4]. Dies ist jedoch etwas anderes, was sich aus dem „Seereise"-Urteil nicht ergibt: Die Tatsache, daß eine Urlaubsreise ihren Preis gehabt hat, ist für die Frage des Ausgleichs für darüber hinaus vertanes Erholungspotential „Zeit" unerheblich. Die Reisekosten sind nämlich nicht das vermögenswerte Äquivalent der vertanen Urlaubs*zeit* („Kommerzialisierungs"-Gedanke), sie können auch nur insoweit als Schaden gelten, als es um die Ersatzleistung für die Vereitelung der mit den Aufwendungen spezifisch angestrebten Urlaubsgestaltung (Reise, Unterkunft) geht[5]. In einer Entscheidung späteren Datums versagte der Bundesgerichtshof unter Hinweis auf § 253 BGB eine Entschädigung in Geld dafür, daß der Kläger infolge der Beschädigung seines Kraftfahrzeuges seinen Urlaub nicht wie geplant in Italien, sondern an einem seinem Wohnort nahegelegenen See verbringen mußte, weil er für die geplante Reise noch keine Geldmittel aufgewendet hatte, die ihren Zweck verfehlten und damit vertan waren[6]. Der Senat stellte in dieser Entscheidung überdies klar, warum er in dem „Seereise"-Fall einen Vermögensschaden der Eheleute bejaht hatte, nämlich deshalb, weil die Reise nicht so viel wert war wie ihr Kaufpreis. Dabei folgte er nunmehr jedoch ohne Vorbehalte der Frustrierungslehre: Ein Vermögensschaden könne bejaht werden, wenn zu dem Zweck, sich einen Urlaubsgenuß zu verschaffen, Aufwendungen gemacht worden seien, das damit erstrebte Ziel jedoch nicht oder nicht voll habe erreicht werden können[7].

---
[3] AG Ingolstadt, BB 1964, 1062; OLG Saarbrücken, DAR 1965, 299; LG Köln, MDR 1966, 758; OLG Frankfurt, NJW 1967, 1372; LG Hamburg, VersR 1968, 1197; KG, OLGZ 1969, 17; OLG Bremen, VersR 1969, 929; KG, NJW 1970, 474; LG München I, MDR 1970, 925 (nicht rechtskräftig); KG, MDR 1971, 1007; KG, NJW 1972, 769 und LG Freiburg, NJW 1972, 1719 (beide keine Geldentschädigung zusprechend).
[4] So das Kammergericht, KG, OLGZ 1969, 17; der Senat betonte, der Kläger habe sich das „Erholungspotential" erkauft und sprach als Schadensersatz für die vertragswidrige Unterbringung in Mehrbettzimmern anstelle von gebuchten Einzelzimmern nicht nur die Preisdifferenz, sondern zusätzlich DM 2,— bis 4,— pro Tag und Person für die Beeinträchtigung des Genusses der Ferien zu.
[5] Darauf, wie aus vertaner Urlaubszeit ein Vermögensschaden zu machen ist, wird unten (3. Teil, A. II.) eingegangen.
[6] BGHZ 60, 214, 216; ebenso: KG, NJW 1972, 769 f. und LG Frankfurt, VersR 1974, 397, 398.
[7] BGHZ 60, 214, 216 f.; vgl. dazu auch: *Stoll*, JZ 1976, 281, 282.

3. Teil: Urlaubsbeeinträchtigung, Freizeitverlust, Arbeitsausfall

Gemeinsame Grundlage der beiden genannten Entscheidungen des Bundesgerichtshofes sind somit die Lehre vom „Frustrierungsschaden" und die „Kommerzialisierungs"-Lehre. Die Verwendung dieser beiden im Schadensrecht erörterten Auffassungen als deckungsgleich und inhaltlich identisch, wie der Bundesgerichtshof dies tat, bringt indessen nicht exakt die tragenden Gedanken zum Ausdruck: Nach der „Frustrierungs"-Lehre gelten die ihren Zweck verfehlenden Aufwendungen zur Urlaubsgestaltung als Schaden, bei dem „Kommerzialisierungs"-Gedanken hingegen wird als Vermögensschaden das Ausbleiben des „kommerzialisierten" Urlaubsgenusses angesehen[8]. Im Ergebnis freilich führen im Fall des Urlaubs, der in aller Regel Geld kostet und demnach „kommerzialisiert" ist, beide Auffassungen zum gleichen Ziel: Soweit der von den Betroffenen tatsächlich erlebte Urlaubsablauf infolge des von dem Schädiger zu verantwortenden Umstandes hinter dem Wert der hierfür bereits unwiederbringlich geleisteten Zahlungen („Kaufpreis") zurückbleibt, gelten diese Aufwendungen als Schaden. Die Beeinträchtigung wird von dem immateriellen Wert „Urlaubsgenuß" auf den Vermögensposten „Urlaubskosten" umgelenkt. Eine betragsmäßige Fixierung des auf diese Weise konstruierten Vermögensschadens erfolgt entweder anhand des Differenzbetrages zwischen den teilweise zweckverfehlten Aufwendungen und dem „Kaufpreis" für den tatsächlich erlangten Urlaubsablauf[9], oder — sofern Maßstäbe für letzteren fehlen — nach § 287 ZPO im Wege der Schätzung[10]. Stellt sich heraus, daß als Ergebnis dieser Differenzrechnung „null" verbleibt, weil unwiederbringlich vertane Ausgaben für einen bestimmten Ablauf des Urlaubs nicht getätigt wurden, so kann mangels eines Vermögensschadens keine Entschädigung in Geld gewährt werden. In dieser Weise wird die Entschädigungspflicht für entgangenen Urlaubsgenuß von der Rechtsprechung einmütig praktiziert[11]. Dies beinhaltet jedoch bereits eine Abkehr von der Interessenlehre; bei ordnungsgemäßem Ferienverlauf

---

[8] Vgl. oben, 1. Teil, B. V. 1.
[9] So könnte beispielsweise der „Schaden" infolge abredewidriger Unterbringung in Mehrbettzimmern erfaßt werden, vgl. KG, OLGZ 1969, 17; im „Seereise"-Fall hingegen vermöchte man nach dieser Methode nicht zu verfahren, da eine Schiffsreise vergleichbarer Art ohne Gepäck nicht angeboten wird, ebenso: *Medicus*, Bürgerliches Recht, 6. Aufl., S. 352; anderer Ansicht aber: *Grunsky*, Aktuelle Probleme, S. 84.
[10] Daß durch § 287 ZPO dieses Ermessen ermöglicht wird, bezweifelt *Medicus*, Bürgerliches Recht, 6. Aufl., S. 352.
[11] Vgl.: BGH, NJW 1956, 1234 f.; BGHZ 60, 214, 216 f.; BGHZ 63, 98, 101; KG, OLGZ 1969, 17 ff. (soweit ein Abzug in Höhe des Minderwertes der Zimmer vorgenommen wurde); KG, NJW 1972, 769 f.; OLG Hamm, DB 1973, 2296, 2297 (nicht rechtskräftig, Vorinstanz zu BGHZ 63, 98); OLG Düsseldorf, NJW 1974, 150, 151; OLG Köln, NJW 1974, 561; OLG München, OLGZ 1975, 186, 188; LG Köln, MDR 1966, 758; LG Freiburg, NJW 1972, 1719, 1720 f.; LG Frankfurt, VersR 1974, 397, 398; LG Kempten, VersR 1974, 1036, 1037.

A. Entgangener Urlaubsgenuß

nämlich stünde der Betroffene vermögensmäßig nicht anders da, weil von ihr durch Zeitablauf erledigte auch „erkaufte" Genüsse nicht erfaßt werden können[12].

II. Die Entschädigung in Geld für vertane Urlaubszeit

Eine ganz andere Frage indessen ist es, ob der Geschädigte auch deshalb einen materiellen Schaden erleidet, weil er seine Urlaubszeit ganz oder teilweise nicht zweckentsprechend verbrachte, diese also in gewissem Umfang vertan ist. Soweit ersichtlich, wurde diese Frage zuerst vom Oberlandesgericht Frankfurt[13] bejaht. Die Rechtsprechung war in der Folgezeit geteilter Auffassung[14]. Als vorläufiger Abschluß mag eine Entscheidung des Bundesgerichtshofes[15] zu dieser Frage dienen, der es für zulässig erklärte, dem Kläger einen Geldbetrag als Entschädigung dafür zuzusprechen, daß seine Urlaubszeit infolge mangelbehafteter Leistung des beklagten Reiseunternehmens teilweise vertan war. In der Begründung des Urteils geht der Bundesgerichtshof weder den in der Literatur vorgeschlagenen Weg der Erweiterung des „allgemeinen Persönlichkeitsrechts" um den Aspekt „Erholungspotential"[16], der auch in der Rechtsprechung vereinzelt erwogen wurde[17], noch den der Unterstellung einer Vertragsstrafe[18], sondern er ist der Auffassung, dem Kläger sei durch die Zweckverfehlung seiner zur Erholung gedachten Urlaubszeit ein Vermögensschaden entstanden. Zum Ausgangspunkt der Überlegungen wählt der Senat den zur Beurteilung des Ausfalls der Gebrauchsbereitschaft des eigenen Kraftwagens zugrunde gelegten Begriff des Vermögensschadens, dessen Rechtsgedanken eine Übertragung auf die Natur der durch nutzlos aufgewendete Urlaubszeit entstandenen Einbuße erlaube[19]. Der Gesichtspunkt der „Kommerzialisierung" im Sinne der herrschenden Verkehrsauffassung führt nach seiner Ansicht dazu, den Urlaub als Lebensgut mit eigenem Vermögenswert an-

---

[12] *Honsell*, JuS 1976, 222, 224.
[13] OLG Frankfurt, NJW 1967, 1372.
[14] *Für die Annahme eines Vermögensschadens:* KG, OLGZ 1969, 17; OLG Bremen, VersR 1969, 929; KG, NJW 1970, 474; KG, MDR 1971, 1007; OLG Frankfurt, NJW 1973, 470; OLG Köln, NJW 1973, 1083; LG Hamburg, VersR 1968, 1197; LG München I, MDR 1970, 925 (nicht rechtskräftig). *Gegen die Annahme eines Vermögensschadens:* OLG Hamm, DB 1973, 2296 (nicht rechtskräftig); OLG Düsseldorf, NJW 1974, 150; OLG München, OLGZ 1975, 186; LG Freiburg, NJW 1972, 1719.
[15] BGHZ 63, 98 („Rumänienreise"-Urteil).
[16] So: *Küppers*, VersR 1976, 604, 608; *Landwehrmann*, Zeit ist Geld, S. 53 ff.; *Landwehrmann*, NJW 1970, 1867, 1868 f.; *Landwehrmann*, NJW 1972, 1204; *Stoll*, Begriff und Grenzen, S. 36.
[17] KG, NJW 1972, 769 f.
[18] So: *Stoll*, JZ 1975, 252, 255; zustimmend insoweit *Kötz*, S. 217.
[19] BGHZ 63, 98, 102.

zusehen: Ein Arbeitnehmer nämlich verdiene mit der Arbeitsleistung seinen bezahlten Urlaub mit[20], nach Lage des Falles sei er veranlaßt, unbezahlten Urlaub zu nehmen[21], der Urlaub sei seinem Zweck nach zur Erhaltung oder Wiederherstellung der Arbeitskraft bestimmt, welche wiederum den Erwerb vermögenswerter Güter (Verdienst) ermögliche[22]; für Freiberufler und Gewerbetreibende gelte nichts anderes, sie „erkauften" sich die Urlaubszeit durch Verzicht auf Gewinn oder durch die kostenverursachende Anstellung einer Ersatzkraft[23]. Schließlich sei auch die Schadensbemessung nicht schwierig: Als Richtgröße könne der zur Beschaffung zusätzlichen Urlaubs erforderliche Aufwand dienen, also der jeweilige zeitanteilige Verdienstausfall des Arbeitnehmers oder Freiberuflers[24]. Diese Ausführungen offenbaren bei genauerer Analyse in mehrfacher Hinsicht eine Fortentwicklung des vorgefundenen und in bezug genommenen Argumentationsinstrumentariums:

Zunächst fällt auf, daß ganz unbefangen ausgesprochen wird, der Urlaubsanspruch eines Arbeitnehmers werde durch die Arbeitsleistung ebenso „erkauft" wie z. B. die Möglichkeit des Gebrauchs eines Kraftfahrzeuges. Von selbst ergibt sich diese Parallele jedoch nicht; in den zuvor entschiedenen Fällen nämlich waren die entbehrten Güter (Benutzung einer Sache, Urlaubsgestaltung) durch Zahlung von *Geld* ermöglicht worden, derweil das hier zum „Kaufpreis" deklarierte „Etwas" reines Tätigwerden, das Arbeiten, ist. Die zum „Kommerzialisierungs"- Gedanken hinführende Überlegung des „Erkaufens" der Annehmlichkeit ist daher zunächst nur für den Urlaub des Freiberuflers und selbständigen Gewerbetreibenden, der sich seine Ferienzeit durch Verzicht auf Verdienst oder Verursachung von Unkosten (Einstellung einer Ersatzkraft) ermöglicht, tragfähig, während sie für den Erholungsurlaub eines Arbeitnehmers nichts besagt[25]. Der Bundesgerichtshof indessen verfährt umgekehrt, für ihn „kann es nicht zweifelhaft sein"[26], daß der Urlaubsanspruch eines Arbeitnehmers „erkauft" sei. Macht man

---
[20] BGHZ 63, 98, 103. Ebenso bereits: OLG Frankfurt, NJW 1967, 1372, 1373; OLG Köln, NJW 1973, 1083, 1085; LG Hamburg, VersR 1968, 1197; LG München I, MDR 1970, 925, 926 (nicht rechtskräftig).
[21] BGHZ 63, 98, 103. Ebenso bereits: KG, NJW 1970, 474; KG, MDR 1971, 1007, 1008; OLG Frankfurt, NJW 1973, 470, 473; OLG Köln, NJW 1973, 1083, 1085.
[22] BGHZ 63, 98, 103. Ebenso bereits: OLG Köln, NJW 1973, 1083, 1085.
[23] BGHZ 63, 98, 104.
[24] BGHZ 63, 98, 105. Ebenso bereits: OLG Frankfurt, NJW 1967, 1372, 1373; KG, NJW 1970, 474; KG, MDR 1971, 1007, 1008; OLG Frankfurt, NJW 1973, 470, 473; OLG Köln, NJW 1973, 1083, 1085; LG Hamburg, VersR 1968, 1197; LG München I, MDR 1970, 925, 926 (nicht rechtskräftig).
[25] In diesem Sinne auch: *Landwehrmann*, Zeit ist Geld, S. 42 bei der Kritik des in der Sache verwandten Frustrierungsgedankens.
[26] BGHZ 63, 98, 103.

A. Entgangener Urlaubsgenuß

diesen Schritt mit, deklariert man also auch z. B. körperliche Anstrengungen — und nicht nur finanzielle Aufwendungen — zum „Kaufpreis", dann scheint es in der Tat keine immaterielle, da in diesem Sinne nicht „erkaufte" Einbuße mehr zu geben[27]. Der Blick vom Gipfel eines Berges — um ein Beispiel Landwehrmanns anzuführen[28] — wäre nicht nur Vermögensgut, wenn er durch Zahlung des Fahrpreises für die Seilbahn ermöglicht wurde, sondern auch dann, wenn der Betroffene ihn sich durch einen mühsamen Aufstieg verschafft hat. Die Störung der Nachtruhe wäre nicht nur dann ein Vermögensschaden, wenn der Genuß des Schlafs durch die Einnahme einer zuvor gegen Geld erstandenen Tablette, sondern durch „Vermögensaufwendungen im weitesten Sinne"[29], beispielsweise durch eine strapaziöse Wanderung oder durch Verzicht auf den Mittagsschlaf „erkauft" worden ist[30, 31].

Weiterhin erweist sich die angeführte Überlegung, der Geschädigte müsse zur Erreichung des Urlaubszwecks eine entsprechende Zeit unbezahlten Urlaubs nehmen, bei näherer Betrachtung als gewagt: Zwar scheint der der Bedarfstheorie Zeuners entlehnte Gedanke hier ebenso zuzutreffen, wie bei dem Ausfall der Nutzungsmöglichkeit einer Sache, dessen vollwertiger Ausgleich nur durch kostenverursachende Beschaffung eines Ersatzes für die Karenzzeit erreicht werden könne; ein Unterschied besteht aber: Der Ersatzurlaub würde den Geschädigten nämlich — anders als die Miete eines Ersatzes für den Zeitraum entbehrter Sachnutzung — nicht in die hypothetische, ohne das schädigende Ereignis bestehende Lage versetzen (Restitution), sondern ihm für den nicht mehr rückgängig zu machenden Nachteil einen zukünftigen Vorteil gewähren (Kompensation)[32]. Die von Zeuner angeregte erweiterte Anwendung von § 249 Satz 2 BGB hilft darüber nicht hinweg, weil auch der tatsächlich genommene unbezahlte Ersatzurlaub für den Betroffenen ebenso wenig die konkreten Folgen des Schadensfalles zu beseiti-

---

[27] Daß bei dieser weiten Anwendung des Frustrierungsgedankens Nichtvermögensschäden undenkbar sind, liegt nahe, vgl.: *Heldrich*, NJW 1967, 1737, 1738 sowie *Stoll*, JZ 1975, 252, 253; siehe dazu auch *Honsell*, JuS 1976, 222, 226, der den Frustrierungsgedanken nur insofern als tragfähig erachtet, als es um Ersatz der konkreten Aufwendungen geht.
[28] *Landwehrmann*, Zeit ist Geld, S. 36; *Landwehrmann*, NJW 1972, 1204.
[29] Vgl. dazu: LG Hamburg, VersR 1968, 1197 (die Beeinträchtigung eines durch „Vermögensaufwendungen im weitesten Sinne erkauften Gutes" ist als Vermögensschaden anzusehen).
[30] Vgl.: *Heldrich*, NJW 1967, 1737, 1738.
[31] Zu der weiteren damit ausgesprochenen Ausweitung des „Kommerzialisierungs"-Gedankens siehe unten, 3. Teil, C.
[32] *Stoll*, Begriff und Grenzen, S. 8. Auf dieser Linie liegt auch das Begehren des Klägers in der vom Oberlandesgericht Köln (OLGZ 1973, 7) gefällten Entscheidung; dieser verlangte als Schadensersatz für die Beschädigung seiner Jagdtrophäe die zur erneuten Erbeutung eines gleichartigen Geweihes anfallenden Kosten in Höhe von DM 5 470,—.

gen vermöchte wie — dies wäre die exakte Parallele zum Gebrauchsausfall eines Kraftwagens — die Stellung eines Ersatzfahrzeugs *nach* Ablauf der Zeit der reparaturbedingten Verkehrsuntüchtigkeit des eigenen Automobils dies tun könnte[33].

Der Hinweis darauf, daß Erholungsurlaub zur Erhaltung oder Wiederherstellung der Arbeitskraft bestimmt sei, welche selbst wiederum den Erwerb vermögenswerter Güter (Verdienst) ermögliche, überrascht: Im Urteil wird nämlich an anderer Stelle zutreffend referiert, daß nach der Rechtsprechung des Bundesgerichtshofes der Ausfall der Arbeitskraft als solcher keinen Vermögensschaden für den Betroffenen bewirke[34]. Die Beeinträchtigung des Wertes „Urlaub", des Hilfsmittels zur Erhaltung sowie (Re-)Aktivierung des als solchen immateriellen Wertes „Erwerbsfähigkeit" als Vermögensschaden anzusehen, ist dann alles andere als naheliegend, das Gegenteil ist eher plausibel[35].

Letztlich erweist sich auch die Behauptung der Problemlosigkeit der Schadensbemessung nach dem zeitanteiligen Verdienst als fragwürdig, und zwar in doppelter Hinsicht: Zum einen würde der keinem Gelderwerb nachgehende Geschädigte einen betragsmäßig mit „null" zu veranschlagenden Vermögensschaden durch die „Vergällung" der Urlaubsfreude erleiden, mithin keine Geldentschädigung erhalten, obwohl er möglicherweise ebenso erholungsbedürftig (als Schüler, Student, Rentner z. B.) war wie ein Erwerbstätiger[36]. Zum zweiten führt die Schadensberechnung zumeist doch aus dem Bereich exakter Fixierung des Entschädigungsbetrages hinaus, da der Urlaub nicht völlig vertan war, sondern nur teilweise, so daß nur ein zu schätzender Teilschaden gegeben war[37], lediglich bei gänzlicher Verfehlung des Zwecks der zur Erholung bestimmten Arbeitsfreistellung (der Betroffene muß arbeiten

---

[33] Dies übersieht *Larenz*, SchuldR I, 11. Aufl., S. 400; für ihn stellt sich nur die Frage, ob der Betroffene den zur Beschaffung des Ersatzurlaubs erforderlichen Geldbetrag verlangen kann, ohne ihn dafür verwenden zu müssen; Larenz bejaht diese Frage aufgrund analoger Anwendung von § 249 Satz 2 BGB.

[34] BGHZ 63, 98, 100 unter Verweis auf BGHZ 54, 45, 50 f. („Die Fähigkeit zum Erwerb ist daher nicht schon für sich selbst ein Vermögenswert").

[35] Mit dieser Überlegung kommt der Bundesgerichtshof dem Gedankengang von *Mammey*, NJW 1969, 1150, 1152 nahe, welcher den Rechtsgedanken des § 842 BGB zur Gewährung von Schadensersatz für vertane Urlaubstage eines arbeitenden Menschen heranziehen möchte, der Wegfall des zur Erhaltung der Arbeitskraft und Gesundheit dienenden Erholungsurlaubs stelle sich nämlich als Nachteil für den Erwerb des Geschädigten dar.

[36] Dies wird in der Literatur vielfach als unerfreuliches Ergebnis empfunden, vgl.: *Honsell*, JuS 1976, 222, 226; *Landwehrmann*, Zeit ist Geld, S. 38; *Stoll*, JZ 1975, 252, 255. Die Rechtsprechung verfährt jedoch in dieser Weise, vgl.: BGHZ 63, 98, 105; LG Köln, MDR 1966, 758 f.; vgl. auch LG Kempten, VersR 1974, 1036, 1037.

[37] LG Freiburg, NJW 1972, 1719, 1720.

A. Entgangener Urlaubsgenuß

während des Urlaubs oder ist bettlägerig krank)[38] bestehen die „anerkannten Grundsätze der Schadensbemessung". Der Entscheidung des Bundesgerichtshofes ist indessen folgende Abgrenzung des materiellen vom immateriellen Schaden zu entnehmen: Allein die negative Abweichung des Urlaubsverlaufs von den berechtigten Erwartungen des Betroffenen beeinträchtigt den Vermögenswert „Urlaubszeit" nicht[39]; es kann jedoch ein Vermögensschaden wegen vertaner Urlaubszeit dann bejaht werden, wenn der Erholungserfolg ganz *oder in erheblichem Umfang* nicht hat erreicht werden könen. In den als Beispiel hierfür angegebenen Fällen waren die Urlauber Lärmbelästigungen ausgesetzt[40], oder sie fanden am Urlaubsort ihr Quartier belegt vor, reisten deshalb zurück und büßten insgesamt fünf Urlaubstage für die vergebliche Reise ein[41]. Im konkreten Fall meint der Senat sodann auch, daß ein Anspruch auf Geldentschädigung wegen zumindest z. T. nutzlos aufgewendeten Urlaubs in Betracht komme, da die schwerwiegenden Mängel eine Quelle ständigen Ärgers für den Betroffenen gewesen seien[42].

Es lassen sich somit an dem „Rumänienreise"-Urteil des Bundesgerichtshofes zwei Tendenzen feststellen: Zum einen ist dies die Ausdehnung des „Kommerzialisierungs"-Gedankens[43], womit die Frustrierungslehre in dem von ihr schon weit gesteckten Rahmen des Vermögensschadens noch übertroffen wird[44]; zum anderen fällt auf, daß in der Entscheidung mehrere bereits zuvor in der Rechtsprechung geäußerte Gedanken zusammengetragen und nebeneinandergestellt werden, die indessen bei genauerer Betrachtung an Überzeugungskraft viel einbüßen. Über den Begriff vom Vermögensschaden, wie er sich aus der in bezug genommenen Rechtsprechung zur Entschädigung für die entgangene Gebrauchsmöglichkeit von Kraftfahrzeugen ergibt, ist damit hinausgegangen worden.

---

[38] Auf diese Fälle beschränkt *Grunsky*, JZ 1973, 425, 426 sowie NJW 1975, 609, 611 die Geldentschädigung für den Verlust von Urlaubs- und Freizeit.

[39] BGHZ 63, 98, 106; ebenso bereits: BGHZ 60, 214, 216; KG, NJW 1972, 769 f.; OLG Düsseldorf, NJW 1974, 150, 151; LG Kempten, VersR 1974, 1036, 1037, anders jedoch: KG, OLGZ 1969, 17, 19.

[40] So in den angeführten Entscheidungen des OLG Frankfurt, NJW 1973, 470 und des OLG Köln, NJW 1973, 1083; gleiches müßte für den vom Kammergericht, MDR 1971, 1007 entschiedenen Fall gelten; so nunmehr auch KG, MDR 1977, 402.

[41] So in der angeführten Entscheidung des OLG Frankfurt, NJW 1967, 1372.

[42] BGHZ 63, 98, 107; vgl. auch KG, MDR 1977, 402.

[43] Zu dem zweiten Aspekt, der an dem Urteil hinsichtlich des „Kommerzialisierungs"-Gedankens befremdet, siehe unten, 3. Teil, C.

[44] *Honsell*, JuS 1976, 222, 226.

B. Der Verlust von Freizeit

Eng verknüpft mit der Einordnung von Urlaubszeit unter die Vermögenswerte ist die Frage, ob bei dem Betroffenen durch den Verlust von Freizeit ein Vermögensschaden entsteht, der einer Entschädigung in Geld zugänglich ist. Diese Frage wird nur vereinzelt bejaht[1], überwiegend hingegen verneint[2]. In der „Rumänienreise"-Entscheidung hat der Bundesgerichtshof die Frage zwar aufgeworfen, nicht jedoch dazu Stellung bezogen[3]. Es bietet sich an, aus diesem Urteil anhand der dort vorgefundenen Argumentation eine Aussage über die schadensrechtliche Natur der Einbuße an nicht als Erholungsurlaub anzusprechender Freizeit zu entwickeln. Dabei wird man folgende Überlegungen anstellen können:

Angesichts dessen, daß die regelmäßige Arbeitszeit eines Arbeitnehmers zumeist 40 oder 42 Stunden pro Woche bei 5 Arbeitstagen beträgt, die verbleibende Zeit hingegen dem Zwecke der Erhaltung sowie Reaktivierung der Arbeitskraft dient[4], erscheint auch die nicht ausdrücklich als „Erholungsurlaub" anzusprechende Zeit der Arbeitsfreistellung als „mitverdient", als Teil des Arbeitsentgelts. Unterstützt wird diese These von einer Reihe weiterer Gedankengänge: Hat ein Arbeitnehmer einen Teil seiner regelmäßigen Freizeit zur Mehrarbeit verwendet (Sonderschichten, Überstunden usw.), so steht ihm dafür ein zusätzliches, um einen prozentualen Zuschlag erhöhtes, Entgelt gem. § 15 AZO zu. Umgekehrt sehen die meisten arbeitsrechtlichen Kollektivvereinbarungen bei vorübergehender betriebsbedingter Verkürzung der Arbeitszeit (Feierschichten, Kurzarbeit) einen Abzug von Lohn oder Gehalt vor. Weiterhin entspricht es allgemeiner Praxis, denjenigen Arbeitnehmern, die aufgrund der Art ihrer Tätigkeit an den üblichen Arbeitsfreistellungen an Wochenenden und Feiertagen oftmals nicht teilhaben können (z. B. Krankenhauspersonal, Bedienstete öffentlicher Verkehrsmittel, Polizei- und Feuerwehrleute), als Ausgleich ein „Ersatz-Wochenende" an Werktagen zu gewähren. Bei wirtschaftlicher Betrachtungsweise erscheint daher die arbeitsfreie Zeit eines Arbeitnehmers als vermögenswerte Position ebenso wie der Erholungsurlaub. Hinzu kommt, daß die infolge des schädigenden Ereignisses vertane Freizeit den Betrof-

---

[1] OLG Frankfurt, NJW 1976, 1320; LG Hagen, NJW 1963, 765; *Grunsky*, Aktuelle Probleme, S. 77; *Grunsky*, JZ 1973, 425; *Grunsky*, NJW 1975, 609, 611 f.

[2] BAG, NJW 1968, 221, 222; OLG Celle, MDR 1964, 413; OLG Köln, DAR 1965, 270, 271; OLG Köln, MDR 1971, 215; OLG Düsseldorf, NJW 1974, 150, 151; OLG München, OLGZ 1975, 186, 187 f.; *Detlefsen*, S. 27; *Geigel*, NJW 1963, 765; *Hamann*, Methoden, S. 79 f.; *Palandt / Heinrichs*, Vorbem. 2 b) dd) vor § 249; *Heldrich*, NJW 1967, 1737, 1738; *Honsell*, JuS 1976, 222, 227; *Landwehrmann*, Zeit ist Geld, S. 32; *Landwehrmann*, NJW 1970, 1867; *Larenz*, SchuldR I, 11. Aufl., S. 400; *Larenz*, Anmerkung zu BAG AP Nr. 7 zu § 249 BGB; *Larenz*, Festgabe Oftinger, S. 151, 159 f.; *Erman / Sirp*, § 249 Rdnr. 71 und § 253 Rdnr. 2; *Stoll*, JuS 1968, 504, 512; *Stoll*, JZ 1975, 252, 253; *Klimke*, VersR 1977, 615.

[3] Vgl.: BGHZ 63, 98, 100.

[4] Aufgrund dieser Überlegung entnimmt das Oberlandesgericht Frankfurt, NJW 1976, 1320 der „Rumänienreise"-Entscheidung des Bundesgerichtshofes, daß auch die Einbuße an Freizeit ein Vermögensschaden sei.

fenen veranlassen mag, sich das Entbehrte in der Form unbezahlten Urlaubs nachträglich zu verschaffen. Der Satz „Zeit ist Geld", der der heutigen Verkehrsauffassung entspricht und der „Kommerzialisierung" des Faktors Zeit Rechnung trägt, läßt eine Beschränkung des Geldersatzes auf die Fälle vertaner Urlaubszeit nicht zu.

Nicht anders verhält es sich mit der Freizeit eines Selbständigen, der sich seinen freien Nachmittag, seinen ausgedehnten Feierabend oder sein Wochenende dadurch „erkauft", daß er auf die Möglichkeit des Verdienstes während des betreffenden Zeitraums verzichtet, eine Ersatzkraft gegen Entlohnung beschäftigt oder letztlich den Ausfall durch entsprechende Mehrleistung an anderen Tagen ausgleicht. Infolge der vielen Arbeitnehmern nicht gegebenen Möglichkeit, die Arbeitszeit selbst frei zu wählen, hat die Redewendung „Zeit ist Geld" für den Selbständigen eine besondere Berechtigung. Deutlich wird hierbei auch, daß die Abgrenzung zwischen Urlaubszeit und anderweitiger Freizeit, die bei einer unterschiedlichen schadensrechtlichen Behandlung unerläßlich wäre, oftmals schwierig ist: Zählt man das verlängerte Wochenende, das ein Rechtsanwalt sich durch vermehrte Arbeitsleistung an den Vortagen ermöglicht hat, ganz oder teilweise als „Kurzurlaub" oder als „bloße Freizeit"? Wie ist es um das verlängerte Wochenende eines Arbeitnehmers bestellt, der an den auf einen Donnerstag fallenden gesetzlichen Feiertag einen Urlaubstag anhängt und sich dadurch vier zusammenhängende arbeitsfreie Tage verschafft, erhält er eine Geldentschädigung wegen vertaner Zeit lediglich für den Freitag? Absonderlich anmuten würde auch das Ergebnis, daß die Schadensersatzverpflichtung in Geld wegen gestörter Nachtruhe z. B. davon abhängig wäre, ob der Betroffene zufällig Erholungsurlaub hat[5]. Letztlich bereitet auch die Bemessung der Höhe des für den Freizeitverlust zu leistenden Geldersatzes keine großen Schwierigkeiten. Als Richtwert mag man den Stundenlohn nehmen, den der Geschädigte bei der Arbeit in seiner Freizeit erzielt haben würde[6]; andererseits kann man auch — so ist der Bundesgerichtshof im „Rumänienreise"-Urteil vorgegangen[7] — von dem zur Beschaffung eines entsprechenden Ersatz-Vergnügens, von dem zur Nachholung der Freizeit Erforderlichen mithin ausgehen[8].

Bei Fortführung der zur Beurteilung vertaner Urlaubszeit vorgefundenen Gedankengänge ist es somit unabweisbar, auch in dem Verlust „normaler" Freizeit einen Vermögensschaden zu sehen[9].

C. Zusammenfassung der Urlaubs- und Freizeitproblematik

Die erste und damit Ausgangs-Entscheidung auf der Linie der „Kommerzialisierung" erging im „Seereise"-Fall[1]. Erstmalig wurden nämlich

---

[5] *Landwehrmann*, Zeit ist Geld, S. 38.

[6] So: LG Hagen, NJW 1963, 765 (150 % des normalen Stundensatzes als Entschädigung für die an Wochenenden nachgeholten Fahrstunden).

[7] Vgl.: BGHZ 63, 98, 105.

[8] Anders *Grunsky*, Aktuelle Probleme, S. 80 f., der den höchsten erreichbaren Verdienst als Entschädigung zusprechen will.

[9] Ebenso: *Grunsky*, Aktuelle Probleme, S. 76; *Grunsky*, JZ 1973, 425, 426; *Grunsky*, NJW 1975, 609, 611 f.; *Heldrich*, NJW 1967, 1737, 1738; *Honsell*, JuS 1976, 222, 227; *Landwehrmann*, Zeit ist Geld, S. 37; *Stoll*, JZ 1975, 252, 253. Anders: *Larenz*, SchuldR I, 11. Aufl., S. 400.

seitens des Bundesgerichtshofs der in aller Regel und im konkreten Fall auch tatsächlich erkaufte Genuß als Vermögenswert und die Entbehrung dieses Genusses als Vermögensschaden angesehen. Von diesen Gedanken ging zunächst eine gewisse Faszination aus, die sich in der vorbehaltlosen Zustimmung seitens einiger Autoren ausdrückt, die im übrigen als Vertreter des traditionellen Verständnisses vom Schadensrecht (Bereicherungsverbot, Schaden ist gleich Interesse, die Schadensersatzleistung hat die Differenz der Vermögensbestände auszugleichen) gelten können[2]. Die „Kommerzialisierungs"-These wurde im übrigen auch durch den Gedanken der Lehre vom Frustrierungsschaden abgesichert, wobei in den Urteilen teilweise beide Überlegungen ineinander übergingen. Heute entspricht es einmütiger Gerichtspraxis, die fehlgeschlagenen Aufwendungen zur Urlaubsgestaltung als Entschädigung zuzusprechen[3].

Die andere Seite der schadensrechtlichen Urlaubsproblematik hingegen, die der Entschädigung für die vertane Zeit nämlich, ist zuletzt in der „Rumänienreise"-Entscheidung des Bundesgerichtshofs[4] behandelt worden. Das Urteil selbst beschreitet gegenüber der zuvor ergangenen Rechtsprechung in zweifacher Hinsicht neue Wege:

Zum einen, und darin liegt die Abkehr von der Frustrierungslehre[5], kann von der Zweckverfehlung finanzieller Aufwendungen keine Rede sein. Der Senat führt selbst aus, der Urlaubsanspruch sei ein *durch die Arbeitsleistung* „mitverdientes", mithin „erkauftes" Gut[6]. Nach dem Frustrierungsgedanken gilt der „Kaufpreis" für das wegen des Schadensereignisses von dem Betroffenen nunmehr doch nicht erhaltene Gut als der Schaden, der durch die Entschädigung auszugleichen ist. Wenn aber die Arbeitsleistung das Äquivalent der Urlaubszeit ist, würde dieses Tätigwerden als der Schaden anzusehen sein. Des weiteren ist der Urlaubsanspruch nur ein Teil des durch die Arbeitsleistung Erlangten, der gegenüber dem Anspruch auf Vergütung in den Hintergrund tritt. Von dem Frustrierungsgedanken hat sich der Bundes-

---

[1] BGH, NJW 1956, 1234.
[2] Zu nenen sind hier: *Enneccerus / Lehmann*, S. 59; *RGRK / Nastelski*, § 253 Anm. 2; *Staudinger / Werner*, Vorbem. vor § 249 Rdnr. 10. Zustimmend weiterhin: *Neumann-Duesberg*, DB 1956, 887, 888; *Nörr*, AcP 158, 1, 8 mit Fußn. 38; *Wiese*, S. 33, der allerdings hinzufügt, damit sei die äußerste Grenze eines vermögenswerten Schadens abgesteckt. Ablehnend: *Böhmer*, MDR 1964, 453; *Heyse*, VersR 1963, 25, 26; *H. W. Schmidt*, NJW 1962, 2205, 2206.
[3] Siehe oben, 3. Teil, A. I. mit Nachweisen in Fußn. 11.
[4] BGHZ 63, 98.
[5] *Honsell*, JuS 1976, 222, 226; anderer Ansicht ist jedoch *Küppers*, VersR 1976, 604, 608, für ihn ist auch die Geldentschädigung für vertane Urlaubszeit nach der Frustrierungslehre zuzusprechen; vgl. auch: *J. Schmidt*, NJW 1976, 1932, 1933.
[6] BGHZ 63, 98, 103.

gerichtshof in seiner Argumentation somit entfernt. Der zweite Gesichtspunkt, der auffällt, ist die zunächst befremdende Behauptung der „Kommerzialisierung" der Urlaubszeit: Ob ein Gut „kommerzialisiert" ist, so legt es auch die „Pelzmantel"-Entscheidung nahe, bestimmt sich nach dessen Natur als „Handelsgut", nach der Möglichkeit, es zu Geld zu machen, wobei der Üblichkeit eines solchen „Versilberns" und daher der Existenz anerkannter Maßstäbe zur geldmäßigen Bewertung des Gutes entscheidende Bedeutung zukommen soll[7]. Der Erholungsurlaub eines Arbeitnehmers, dessen Eigenschaft als Vermögenswert für den Bundesgerichtshof „nicht zweifelhaft" sein kann[8], ist in diesem Sinne jedoch alles andere als „kommerzialisiert", er ist streng an die Person gebunden, man kann ihn nicht an andere „verkaufen", er ist kein fungibles Handelsgut[9], die Möglichkeit, ihn zu Geld zu machen, ist gemäß § 7 Abs. 4 BUrlG nur in Ausnahmefällen gegeben. Einem Arbeitnehmer ist es in der Regel auch versagt, während der Urlaubszeit zu arbeiten (§ 8 BUrlG), sie ist also nicht gleichbedeutend mit der Chance, Geld zu verdienen[10]. Wirtschaftlich nutzt der Arbeitnehmer seinen Urlaub jedoch selbst dann nicht allein dadurch, daß er seine freie Zeit opfert, sondern dadurch, daß er seine Arbeitskraft einsetzt. Bei Selbständigen, die ihren Erholungsurlaub sich selbst „genehmigen", auf die das Arbeitsverbot des § 8 BUrlG nicht zutrifft, und die auch von Gesetzes wegen nicht gehalten sind, überhaupt sich arbeitsfreie Zeit zu gönnen, hat die Zeit als solche ebenfalls keinen „Verkaufspreis". Wenn sie ihre Zeit vertun, werden sie allein wegen dieses Aufwandes keinen Geldgewinn erzielen können, sondern die *Tätigkeit* während der fraglichen Zeit, die Arbeitsleistung also, ist es, die den „Weg zum Geld" bahnt. Kurzum, allein seine Zeit kann man nicht „versilbern", ihrer bedarf es jedoch, um das vermögensmäßig latent vorhandene Potential „Erwerbsfähigkeit" derart zu aktivieren, daß ein tatsächlicher Vermögenswert erzielt wird.

Mit der Entscheidung im „Rumänienreise"-Fall ist also der Begriffsinhalt des „Kommerzialisierungs"-Gedankens verschoben worden vom fungiblen Handelsgut, dessen Verlust einen materiellen Schaden auslöst, zur schlagwortartigen Parole, die sich in der Wendung „Zeit ist Geld" zum Ausdruck gebracht hat.

Die Anerkennung dieses Satzes „Zeit ist Geld", die für die Schadensersatzpflicht wegen vertaner Urlaubszeit in der Rechtsprechung nunmehr vollzogen ist, zieht es unausweichlich nach sich, allgemein den

---

[7] Siehe oben, 1. Teil, B. V. 2.; ebenso: *Küppers*, VersR 1976, 604, 605, 608.
[8] Vgl.: BGHZ 63, 98, 103.
[9] *Küppers*, VersR 1976, 604, 608; *Stoll*, JZ 1975, 252, 253.
[10] Darüber setzt sich *Grunsky*, Aktuelle Probleme, S. 77, JZ 1973, 425, 426 sowie NJW 1975, 609, 610 m. E. mit seiner Argumentation zu leichtfertig hinweg.

Freizeitverlust als materiellen Schaden anzusehen. Dies ergibt sich zum einen daraus, daß eine Unterscheidung zwischen Urlaubs- und anderweitiger arbeitsfreier Zeit bei Selbständigen beispielsweise kaum möglich ist, zum anderen auch aufgrund der Feststellung, daß die Argumentation zur schadensrechtlichen Natur eingebüßter Zeit in beiden Fällen gleichgelagert ist. Die Überlegungen, die der Bundesgerichtshof zum „Rumänienreise"-Fall angeführt hat, sind nicht minder treffend, wenn allgemein Entschädigung für verlorene Zeit verlangt wird[11]. Hinzu kommt, daß für Freizeit das Arbeitsverbot des § 8 BUrlG nicht gilt, sie somit eher „versilbert" werden könnte als die Urlaubszeit, so daß sie unter dem Gesichtspunkt der „Kommerzialisierung" den Vermögenswerten vergleichsweise näher steht. Damit indessen wird zugleich deutlich, warum die Rechtsprechung nahezu ausnahmslos sich dieser Konsequenz verschließt, während sie einer Abgeltung der Einbuße an Urlaubszeit aufgeschlossen gegenübersteht: Jedes Schadensereignis wird den Betroffenen Zeit „kosten", die die Feststellung des Schadensausmaßes und des Verantwortlichen sowie die gerichtliche oder außergerichtliche Abwicklung des Haftungsfalles in Anspruch nehmen; könnte er für jede Sekunde Zeitverlust eine Entschädigung in Geld beanspruchen, so wäre ihm damit eine lohnende Erwerbsquelle eröffnet, die Schadensersatzverpflichtung würde in ungeahntem Ausmaße anwachsen[12].

Zurückhaltung gegenüber dieser Konsequenz wird jedoch nunmehr vom Bundesgerichtshof geübt insofern, als er an dem Grundsatz festhält, daß dem Geschädigten regelmäßig wegen seines Zeitaufwands bei der Schadensregulierung keine Entschädigung in Geld zusteht. Dies soll selbst dann gelten, wenn der Betroffene ausschließlich mit der Bearbeitung von Schadensfällen befaßtes Personal beschäftigt, wie dies bei dem klagenden Landschaftsverband angesichts der Häufigkeit der Schadensfälle gegeben war[13]. Der Kläger vertrat in der angeführten Entscheidung den Standpunkt, von dem Schädiger einen Teil jener Verwaltungskosten ersetzen verlangen zu können, die ihm durch die Beschäftigung ausschließlich mit der Verfolgung gleichartiger Schadensersatzansprüche befaßten Personals entstand. Die Begründung, die der Senat für seine Entscheidung anführt, geht an den hier untersuchten schadensrechtlichen Überlegungen vorbei: Es wird nämlich lediglich auf eine Verkehrsauffassung verwiesen, wonach die mit der Schadensregulierung verbundene Mühewaltung dem Pflichtenkreis

---

[11] So auch: OLG Frankfurt, NJW 1976, 1320; der Senat sah sich aufgrund der „Rumänienreise"-Entscheidung veranlaßt, in der von dem Betroffenen zur Erreichung der geschuldeten Nachbesserung gekaufter Möbel aufgewendeten Freizeit einen Vermögensschaden zu sehen.
[12] *Larenz*, Festgabe Oftinger, S. 151, 160; *J. Schmidt*, NJW 1976, 1932, 1933.
[13] BGH, NJW 1976, 1256, 1257.

und Verantwortungsbereich des Geschädigten zugeordnet sei[14], um sodann den Gedanken an eine andere Behandlung von Behörden und privaten Großbetrieben mit eigener Organisation als unsachliche Bevorzugung zurückzuweisen[15]. Das Wort „Vermögensschaden" findet sich in der Entscheidung, soweit sie veröffentlicht ist, an keiner Stelle, ebenso nicht die Vorschrift des § 253 BGB. In der Sache jedoch bestehen deutliche Berührungspunkte zu der Rechtsprechung, wie sie die Entschädigungspflicht für entgangene Gebrauchsvorteile von Sachen und für vertane Urlaubszeit beurteilt. So drängt sich die Frage auf, warum die für die Tätigkeit in eigener Rechtssache aufgewendete Zeit nicht auch „Geld ist". Nach der Lehre vom Frustrierungsschaden gelten besondere Aufwendungen, die infolge des Schadensereignisses fehlgeschlagen sind, als Schaden[16]. Auf der Grundlage dieses Gedankens wird man in bezug auf die durch den Schadensfall bedingten besonderen Aufwendungen kaum anders entscheiden können, weil die Geldmittel des Betroffenen zur Unterhaltung der Schadensabteilung ebenfalls als ausschließlich wegen des Schadensereignisses vertan gelten können. Hinzu kommt, daß der Verzicht des Geschädigten auf die Beschaffung eines Ersatzwagens nach der Rechtsprechung dem Schädiger nicht zugute kommen soll[17]; warum aber sollen die eigenen zeitraubenden Bemühungen zur Schadensregulierung den Schuldner entlasten, wenn der Gläubiger auch einen Rechtsanwalt mit diesen Arbeiten beauftragen und dessen Honorar als Schaden hätte geltend machen können[18]?

Anhand der Kriterien, wie sie in der Rechtsprechung zur Entschädigung für den Nutzungsausfall von Kraftfahrzeugen und für entgangene Urlaubsfreude vorgefunden werden, wäre demnach der Klage des Landschaftsverbandes stattzugeben gewesen. Die Entscheidung des Bundesgerichtshofs, die diese gedankliche Brücke indessen nicht herstellt, drückt das Bestreben zur Begrenzung des Schadensersatzes aus[19].

D. Der Arbeitsausfall

Die unter dem Gesichtspunkt des Vermögensschadens infolge vertaner Zeit festgestellte Verknüpfung von Zeit und Erwerbsfähigkeit leitet über zu der Untersuchung, wie die Rechtsprechung die Schadens-

---
[14] BGH, NJW 1976, 1256, 1257; ebenso: BGH, NJW 1977, 35; OLG Hamburg, NJW 1977, 1347.
[15] BGH, NJW 1976, 1256, 1258; im Grundsatz auch BGH, NJW 1977, 35; vgl. auch *J. Schmidt*, NJW 1976, 1932.
[16] Vgl. oben, 1. Teil, B. III. 1.
[17] Vgl. oben, 1. Teil, B. I. Fußn. 5.
[18] *J. Schmidt*, NJW 1976, 1932, 1933.
[19] Siehe dazu unten, 4. Teil.

ersatzpflicht für Arbeitsausfall beurteilt. Wenn Zeitverlust nach dem Satz „Zeit ist Geld" als materieller Schaden angesehen wird, so liegt es nahe, sich auch von der Überlegung leiten zu lassen, daß mit Arbeit Geld verdient wird. Demnach mag man allgemein den Arbeitsausfall als Vermögensschaden werten. Der Einsatz von Zeit und Arbeitskraft ermöglicht den Erwerb von Vermögensgütern; fällt einer der beiden Faktoren infolge des Schadensereignisses aus, so ist die Verdienstmöglichkeit zunichte gemacht; gleichgültig ist hierbei, ob die Erwerbsverhinderung darauf beruht, daß die nötige Zeit fehlt oder aber darauf, daß die Arbeitskraft, z. B. krankheitsbedingt, zeitweilig ausfällt.

Mit dem Stichwort „Arbeitsausfall" ist der Komplex, der in der skizzierten engen sachlichen Beziehung zur Entschädigung für vertane Zeit steht, indessen nur unzureichend gekennzeichnet: Im Tatsächlichen sind nämlich zwei Fallkonstellationen zu unterscheiden, zu denen die zu untersuchende Judikatur ergangen ist. Zum einen stellt sich die Frage, ob der Betroffene selbst Schadensersatz in Geld dafür beanspruchen kann, daß er infolge des Schadensereignisses nicht zu arbeiten vermochte; zum anderen ist zu ermitteln, unter welchen Voraussetzungen die Vorenthaltung fremder Arbeitsleistung einen Vermögensschaden ausmacht. Es geht also um die schadensrechtliche Beurteilung des Nutzens eigener Arbeitskraft einerseits, andererseits des Vorteils aus fremder Arbeitsleistung.

I. Der Ausfall der eigenen Arbeitsleistung

Kann ein Arbeitnehmer infolge des Schadensereignisses seine Arbeitsleistung nicht erbringen und verliert er deshalb seinen Lohn- oder Gehaltsanspruch, trifft ihn also ein Verdienstausfall, so ist der bei dem Betroffenen eingetretene Vermögensschaden unproblematisch. Oftmals jedoch wird er keinen Verdienstausfall erleiden, weil der Arbeitgeber seinerseits aufgrund gesetzlicher Verpflichtung auch ohne Erhalt der Gegenleistung die Bezüge fortzahlt. Gleichwohl nimmt die Rechtsprechung an, der Arbeitnehmer erleide einen Vermögensschaden in Höhe der Bruttobezüge zuzüglich der entrichteten Arbeitgeberbeiträge zur Sozialversicherung, soweit sie auf den Zeitraum des Arbeitsausfalls entfallen[1]. Begründet wird dieses Ergebnis wie folgt: Der Boden rein rechnerischer Überlegungen werde zugunsten einer wertenden Betrachtung verlassen, indem der Schaden zwar nicht als Posten der Saldierung, wohl aber als „normativer Schaden" zu bejahen sei; als Schaden sei nämlich dasjenige anzusehen, was der Arbeitnehmer durch die Verwertung seiner Arbeitskraft erworben und nunmehr trotz ihres zeitweiligen Ausfalls nicht verloren habe[2]. Naheliegend ist es zunächst, die

---
[1] BGHZ 42, 76, 82 f.; BGHZ 43, 378, 381.
[2] BGHZ 43, 378, 381.

D. Der Arbeitsausfall

Nichtberücksichtigung der fortgezahlten Arbeitsvergütung bei der Schadensermittlung als einen Fall versagter Vorteilsausgleichung zu begreifen[3]; es ist nämlich eine gewisse Schwäche der Differenztheorie im Sinne der Interessenlehre, daß nach ihr jeglicher durch das Schadensereignis bedingte Vermögenszuwachs auf der Seite des Geschädigten zur Entlastung des Schädigers führen muß[4]. Indessen gelangt man auf diesem Wege nicht zu den Ergebnissen des Bundesgerichtshofes, da der Schaden des Arbeitnehmers, wie er sich bei Ausklammerung der Arbeitgeberleistung an ihn ergeben würde — dies ist der Vorteil, der nicht anzurechnen ist —, hinter dem als „normativer Schaden" bezeichneten Posten betragsmäßig zurückbleibt: Beim Ersatz des dem Arbeitnehmer erwachsenen Schadens wäre es ein Verstoß gegen das Bereicherungsverbot, wenn ihm die Bruttobezüge zuzüglich des Arbeitgeberanteils zur Sozialversicherung zugesprochen würden, denn eine vermögensmäßige Einbuße in dieser Höhe hat er — auch bei Hinwegdenken der Arbeitgeberleistung — nicht erlitten. Mit anderen Worten, die Aufwendungen des Arbeitgebers zur Verhinderung eines Verdienstausfalls des Arbeitnehmers („normativer Schaden" in der Terminologie des Bundesgerichtshofes) sind größer, als der bei nicht angerechneter Arbeitgeberleistung eintretende Erwerbsschaden des Arbeitnehmers selbst[5]. Daraus ergibt sich — wie vom Bundesgerichtshof auch betont wird[6] —, daß der der Ersatzverpflichtung zugrunde gelegte Schaden in zweifacher Hinsicht „normativ", unter Abkehr von der Rechenoperation nach der Interessenlehre ermittelt wird: Es wird ein Rechnungsposten bei der Saldierung ausgeklammert *und* der sich sodann ergebende Schaden ist selbst wiederum „normativ" geprägt, d. h. einer wertenden Korrektur unterworfen. Genaueres zu Inhalt und Anwendungsbereich des „normativen Schadensbegriffs" läßt sich aus der hierzu ergangenen Rechtsprechung jedoch nicht ermitteln.

Der Ausfall der Arbeitsleistung des Gesellschafters einer Personengesellschaft mit gewinnunabhängiger Tätigkeitsvergütung löst bei diesem nach der Auffassung des Bundesgerichtshofes einen Vermögensschaden in Höhe der auf den betreffenden Zeitraum entfallenden Vergütung aus. Eine etwaige Fortzahlung der Bezüge durch die Gesellschaft bleibt unberücksichtigt[7]. Hingegen hat der Bundesgerichtshof sich gehindert gesehen, im Falle des Ausfalls der Arbeitsleistung eines Gesellschafters mit reiner Gewinnbeteiligung einen ersatzfähigen Ver-

---
[3] So: *Baur*, Festschrift Raiser, S. 119, 133; *Knobbe-Keuk*, VersR 1976, 401, 402.
[4] Vgl.: *Enneccerus / Lehmann*, S. 84 f.
[5] *Kollhosser*, AcP 166, 277, 298.
[6] Vgl.: BGHZ 43, 378, 381.
[7] BGH, NJW 1963, 1051 f.

mögensschaden zu erkennen, wenn ein Rückgang der Erträge der Gesellschaft nicht ersichtlich war[8]. Diese Entscheidung ist vielfach als einer zu formalen Betrachtung anhängend kritisiert worden: Tatsächlich sei in dem dem Gesellschafter zustehenden Gewinnanteil eine Tätigkeitsvergütung enthalten, nur sei sie nicht gesondert als solche ausgewiesen[9]. In der Tat liegt die Beurteilung nahe, daß die Auskehrung eines Teils des Gewinns den Gesellschafter auch für seine Tätigkeit im Unternehmen zu entlohnen bestimmt ist, er hat lediglich nicht Anspruch auf ein garantiertes Fixum, welches den Wert seiner Arbeitsleistung für die Gesellschaft zum Ausdruck bringt. Der dadurch bedingten Schwierigkeit, die bei der Schadensbemessung zugrunde zu legende Tätigkeitsvergütung betragsmäßig festzulegen, war der Senat überdies im gegebenen Fall durch die nach dem Schadensereignis getroffene Zusatzvereinbarung der Gesellschafter enthoben, derzufolge auf die ausgebliebene Leistung mit einem Abzug in Höhe von zumindest DM 12 000,— „Tätigkeitsvergütung" pro Jahr von dem Gewinnanteil des betreffenden Gesellschafters reagiert werden sollte.

Das hier angesprochene Problem der Ermittlung der Folgen zeitweiliger Arbeitsunfähigkeit für das Vermögen des Schadensersatzgläubigers besteht oftmals auch bei Selbständigen ohne gleichbleibende Einkünfte. Wenn eine Schätzung des entgangenen Verdienstes nach §§ 252 Satz 2 BGB, 287 ZPO in Ermangelung hinreichend konkreter Anhaltspunkte nicht möglich ist[10], es andererseits jedoch naheliegt, daß der Arbeitsausfall letztlich nicht ohne Vermögensverlust geblieben ist, ergeben sich aus dieser schadensrechtlichen Konstellation die Fragen, ob der Fortfall der Erwerbsfähigkeit als solcher bereits einen Vermögensschaden bedeutet, oder ob dem Betroffenen in seiner Beweisnot nicht dadurch zu helfen ist, daß ihm als Mindestschadensersatz ein an den Kosten für eine Ersatzkraft orientierter Geldbetrag zuerkannt wird. Beide Fragen hat der Bundesgerichtshof mit „nein" beantwortet[11]. Von der Rechtsprechung zur entgangenen Nutzungsmöglichkeit des Kraftfahrzeuges sowie zum vertanen Erholungsurlaub her muß dies befremden. Die Erwerbsfähigkeit hat nach der Verkehrsauffassung sicherlich mit gleicher Berechtigung Vermögenswert wie die Urlaubszeit. Wird ein Selbständiger während des Erholungsurlaubs verletzt,

---

[8] BGH, FamRZ 1965, 40 f.
[9] *Ganßmüller*, VersR 1965, 257 f., in diesem Sinne auch bereits in NJW 1963, 1446, 1447; *Knobbe-Keuk*, VersR 1976, 401, 409; *Kollhosser*, ZHR 129, 121, 143; *G. Schmidt*, VersR 1965, 320.
[10] Vgl. dazu: *Knobbe-Keuk*, VersR 1976, 401, 406; BGH, VersR 1967, 903, 905 (Erfinder); OLG Köln, MDR 1971, 215 (Architekt); AG Lechenich, VersR 1968, 707 (Steuerbevollmächtigter); AG Berlin-Charlottenburg, VersR 1975, 1016 (Taxiunternehmer); OLG Nürnberg, VersR 1977, 63 (Zahnarzt); BGH, NJW 1977, 1446 (Architekt).
[11] BGH, VersR 1965, 489, 491; BGHZ 54, 45, 50, 53.

D. Der Arbeitsausfall

so daß diese Zeit ihren Zweck verfehlt und deshalb für ihn vertan ist, so erhält er als Schadensersatz den zur Beschäftigung und Entlohnung einer Ersatzkraft erforderlichen Geldbetrag zugesprochen, bezogen auf den entsprechenden Zeitraum[12]; fällt die Verletzungshandlung hingegen in eine Zeitspanne, in der der Betroffene unmittelbar dem Gelderwerb nachzugehen gedachte, so geht er — sofern er in der angesprochenen Beweisschwierigkeit ist — leer aus. Anders als in den Fällen vertaner Urlaubszeit[13] führt auch die Überlegung der Bedarfstheorie beim Ausfall der eigenen Arbeitsleistung zu einem Vermögensschaden in Höhe der Kosten einer Ersatzkraft für den in Frage stehenden Zeitraum, da im Augenblick des Schadensereignisses insoweit dem Geschädigten ein Passivum aufgedrängt wird[14]. Ein zweites kommt hinzu: Nach der Rechtsprechung des Bundesgerichtshofes[15] führt — dies ist ein weiterer Anwendungsfall des „normativen Schadensbegriffs" — die Beeinträchtigung oder der völlige Ausfall der Verrichtung einer Tätigkeit, die keinen Geldgewinn abwirft und nicht auf Verdienst abzielt, der Haushaltsführung nämlich, zu einem eigenen Schadensersatzanspruch der verletzten Hausfrau.

Diese Argumentation mit dem „Kommerzialisierungs"-Gedanken und der Lehre vom „normativen Schadensbegriff" versperrt indessen den Zugang zur Problematik des Arbeitsausfalls eines Selbständigen, wie sie auf dem Boden des traditionellen Schadensverständnisses deutlich wird: Aufgrund der Unregelmäßigkeit der Einkünfte oder der komplizierten Gewinnstruktur, bei der der erzielte Gewinn das Resultat des Zusammenwirkens der Tätigkeit des Geschädigten mit mannigfaltigen anderen Faktoren ist, entfällt im Gegensatz zu der Lage bei Arbeitnehmern die Möglichkeit, eine Gleichung aufzustellen, worin eine bestimmte Zeit, in der der Geschädigte seiner Beschäftigung nachging, in Relation zu einem festen Geldbetrag (Verdienst) gesetzt wird, die Errechnung eines „Stundenlohns" also muß scheitern. Andererseits steht jedoch fest, daß insgesamt mit der Tätigkeit Gewinn erzielt worden ist, was den Schluß erlaubt, daß typischerweise durch das Ausbleiben der Arbeitsleistung ein Vermögensschaden (entgangener Verdienst) entsteht.

Die Sachlage ist also von zwei Komponenten gekennzeichnet; von der Unmöglichkeit konkreten Schadensnachweises und der berechtigt erscheinenden Vermutung eines durch das zum Ersatz verpflichtende Ereignis verursachten Vermögensschadens. Zu erwägen ist in diesen Fällen, an den Schadensnachweis weniger strenge Anforderungen zu

---

[12] Vgl.: BGHZ 63, 98 ff. und oben, 3. Teil, A. II.
[13] Vgl.: oben, 3. Teil, A. II.
[14] *Zeuner*, Gedächtnisschrift Dietz, S. 99, 119.
[15] BGHZ 38, 55; BGHZ 50, 304; BGH, NJW 1977, 961, 962.

stellen und eine abstrakte Schadensberechnung im Anschluß an die §§ 252 Satz 2 BGB, 287 ZPO zuzulassen[16]. Der Gesetzeswortlaut setzt der Schadensschätzung insoweit Grenzen, als gem. § 252 Satz 2 BGB Bezugsobjekt für das Wahrscheinlichkeitsurteil hinsichtlich der Höhe des entgangenen Gewinns der „gewöhnliche Verlauf der Dinge" oder die „besonderen Umstände" sind. Damit ist es ausgeschlossen, als Beurteilungsmaßstab des Schadens einen dem Geschädigten nur möglichen Erwerb zu wählen[17]. Hinreichende Nähe zu der konkreten Tätigkeit des Geschädigten wird aber gewahrt, wenn prima facie der „Marktpreis" seiner Leistung, die bei Beschäftigung einer vollwertigen Ersatzkraft entstehenden Unkosten somit, als Schaden angesehen würde. Als Bezugsgröße erscheint dieser Geldbetrag geeigneter als der zeitanteilige Durchschnittsverdienst, weil er den unmittelbaren Bezug zu der ausgefallenen Tätigkeit wahrt und von dem Schadensereignis nicht betroffene Komponenten des Verdienstes (Kundenstamm, Ansehen im Geschäftsverkehr) außer Betrachtung läßt.

II. Die Vorenthaltung fremder Arbeitsleistung

Unter dem Stichwort „Arbeitsausfall" sind gleichfalls jene in das Schadensrecht führenden Entscheidungen der Arbeitsgerichte zu erörtern, in denen es um die Ansprüche von Arbeitgebern gegen ihre vertragsbrüchigen Arbeitnehmer geht[18].

Gemeinsam ist sämtlichen Entscheidungen, daß der Arbeitgeber von dem Arbeitnehmer Schadensersatz zu fordern berechtigt war, weil ihm die von diesem zu erbringende Arbeitsleistung vorenthalten worden war. Ein konkreter Schadensnachweis, wie er sich beispielsweise aus der Darlegung der erhöhten Unkosten für die Beschaffung und Entlohnung einer Ersatzkraft ergeben könnte, schied aus, weil das Ausbleiben der Tätigkeit des Schadensersatzschuldners durch Mehrarbeit des Arbeitgebers[19] oder durch zusätzlichen Einsatz seitens anderer Arbeitnehmer[20] aufgefangen worden war. Anders als in den zuvor behandelten Fällen stellt sich hier nicht die Frage, ob der Verlust der Arbeitskraftnutzung für deren Träger als solcher einen Vermögensschaden beinhaltet, sondern festzustellen ist die geldwerte Einbuße, die sich aus dem Fortfall der Möglichkeit der Gewinnerzielung aus

---

[16] Anders ist der Vorschlag von *Knobbe-Keuk*, VersR 1976, 401, 408; sie befürwortet in diesen Fällen einen pauschalierten Mindestschadensersatz unter Hinweis auf die Rechtsgedanken der §§ 288 BGB, 376 Abs. 2 HGB.

[17] So auch: BGH, NJW 1976, 1883, 1885.

[18] Die zu behandelnden Entscheidungen sind: BAG, NJW 1968, 221; BAG, JZ 1971, 380; BAG, NJW 1972, 1437; LAG Frankfurt, NJW 1967, 1103; LAG Schleswig-Holstein, BB 1972, 1229.

[19] So in der Entscheidung des BAG, NJW 1968, 221.

[20] So in den Entscheidungen des BAG, JZ 1971, 380 und NJW 1972, 1437.

D. Der Arbeitsausfall

fremder Arbeitsleistung ergibt[21]. Hierbei ist zu berücksichtigen, daß aufgrund des synallagmatischen Verhältnisses von Arbeit und Entgelt der Arbeitgeber, der Schadensersatzgläubiger also, seinerseits die ohne das zum Schadensersatz verpflichtende Ereignis von ihm zu erbringende Gegenleistung nunmehr erspart hat. Nach dem Schadensverständnis der Interessenlehre kann er nur dann durch die ausgefallene Arbeitsleistung einen Vermögensschaden erlitten haben, wenn er entweder durch die vorenthaltene Tätigkeit des Schuldners einen deren Unkosten übersteigenden Gewinn erzielt hätte, der nunmehr ausgeblieben ist, oder wenn er zum Auffüllen der durch den Vertragsbruch gerissenen Lücke mehr hat aufwenden müssen, als ihn die weitere Entlohnung des schadensersatzpflichtigen Arbeitnehmers gekostet hätte[22]. Ist hingegen trotz des Ausbleibens der geschuldeten Leistung ein vermögensmäßiges Minus bei dem Arbeitgeber weder deutlich sichtbar, noch aufgrund von Erfahrungssätzen hinreichend wahrscheinlich, wie dies beispielsweise bei dem Prinzipal der Fall ist, der sein Jahrmarktskarussell an einem Sonntag mit bestimmter Gewinnerwartung wegen Ausbleibens des Bedienungspersonals stillstehen lassen muß[23], so steht dieser, da er zudem die Unkosten für den vermögensmäßig letztlich wirkungslos gebliebenen Ausfall der fremden Arbeitsleistung erspart hat, günstiger da als ohne das zum Schadensersatz verpflichtende Ereignis[24]. Da kein Vermögensschaden entstanden ist, kann es auch nicht zur Zubilligung eines Geldbetrages zum Ersatz eines Schadens kommen.

Bei diesen Feststellungen sind die Gerichte in den angeführten Entscheidungen indessen oftmals nicht stehengeblieben. Aufgrund der Rechtsprechung des Bundesgerichtshofes zur Entschädigung für den Nutzungsausfall des Kraftfahrzeuges wurde erwogen, ob nicht auch für die unberechtigte Vorenthaltung fremder Arbeitsleistung ein Ersatz in Geld unabhängig davon zu leisten sei, ob der Gläubiger sich Ersatz beschafft hat oder nicht[25]. Die Berechtigung dieser Parallele erweist sich bei näherem Hinsehen jedoch als fragwürdig. Bedenken gegen sie bestehen freilich nicht deshalb, weil die Aufwendungen für fremde Arbeitsleistung — im Gegensatz zu jenen für die Unterhaltung eines Kraftfahrzeuges — regelmäßig erst nach Verrichtung der Arbeit bzw.

---

[21] LAG Schleswig-Holstein, BB 1972, 1229; *Beuthien*, BB 1973, 92, 93; *Knobbe-Keuk*, VersR 1976, 401, 409; *Lieb*, JZ 1971, 358, 361.

[22] *Beuthien*, BB 1973, 92; *Knobbe-Keuk*, VersR 1976, 401, 410.

[23] Vgl. dazu auch: BAG, NJW 1972, 1437, 1439; der Senat akzeptiert eine „abstrakte Schadensberechnung" nach der Kalkulationsregel, wonach auf jeden Monteur ein Ersatzteilumsatz in Höhe des Lohnumsatzes entfällt.

[24] *Lieb*, JZ 1971, 358, 361.

[25] Diese Frage bejahend: BAG, JZ 1971, 380, 381; LAG Frankfurt, NJW 1967, 1103, 1104. Verneinend: LAG Schleswig-Holstein, BB 1972, 1229; BAG, NJW 1968, 221, 222.

am Ende eines Berechnungszeitraums erbracht würden[26], denn es ist durchaus üblich, Lohn- und Gehaltszahlungen für den jeweiligen Monat am 15. vorzunehmen. Es darf hierbei aber nicht übersehen werden, daß mit dem Ausbleiben der Arbeitsleistung auch die Verpflichtung zur Vergütung entfällt, so daß von fehlgeschlagenen Aufwendungen (Frustrierungslehre), vom „Kauf" des Entbehrten („Kommerzialisierungs"-Gedanke) keine Rede sein kann. Da das Freiwerden von der Zahlungsverpflichtung Folge der synallagmatischen Verknüpfung der Arbeitgeberleistung mit der ausgebliebenen Leistung des Schädigers ist, stellt sich auch nicht die Frage, ob diese Ersparnis vielleicht außer Ansatz zu bleiben hat (versagte Vorteilsanrechnung)[27]. Das Bundesarbeitsgericht ist so verfahren, daß es zur Kennzeichnung des für den Ersatzanspruch maßgeblichen Schadens auf den Verdienst der Personen abstellte, die die von dem Schuldner hinterlassene Lücke ausgefüllt hatten. Im Arzthelferinnen-Urteil[28] hatte der Gläubiger selbst durch entsprechende Mehrarbeit die ansonsten von seiner — nunmehr vertragsbrüchigen — Helferin verrichtete Tätigkeit miterledigt; im Fall des schadensersatzpflichtigen Filialleiters[29] waren andere leitende Angestellte eingesprungen.

Im erstgenannten Urteil führt das Bundesarbeitsgericht zunächst aus, die Einbuße an Freizeit infolge der Mehrarbeit als solche sei noch kein Vermögensschaden[30]; diese Ansicht ist jedoch, wie bereits angesprochen[31], aufgrund der Auffassung des Bundesgerichtshofs zur schadensrechtlichen Natur vertaner Urlaubszeit nunmehr nicht unproblematisch. Sodann weist der Senat auf den Unterschied der Sachlagen bei der Entschädigung für entgangene Fahrzeugnutzung einerseits und bei Ausbleiben vertraglich geschuldeter Leistung sowie Fortfall der Verpflichtung zur Gegenleistung andererseits, wie er soeben dargestellt wurde, hin und lehnt eine Gleichbehandlung von entbehrtem Fahrzeuggebrauch und vorenthaltener Arbeitsleistung zu Recht ab. Das Gericht meint jedoch, ein „in gewissem Sinne hypothetischer Schaden" könne erstattet werden, die besonderen Anstrengungen des Arztes zur Abwendung der drohenden wirtschaftlichen Einbuße sollten der vertragsbrüchigen Arbeitnehmerin nicht zugute kommen[32]. Dies läuft darauf hinaus, daß ein fiktiver, also gedachter Schaden ersetzt wird, wenn eine tatsächliche

---

[26] So: *Trinkner*, BB 1967, 162, 163.
[27] So aber: LAG Schleswig-Holstein, BB 1972, 1229, 1230; dagegen auch: *Beuthien*, BB 1973, 92, 93.
[28] Vgl.: BAG, NJW 1968, 221, 223.
[29] Vgl.: BAG, JZ 1971, 380, 381.
[30] BAG, NJW 1968, 221, 222.
[31] Siehe oben, 3. Teil, B.
[32] BAG, NJW 1968, 221, 222.

D. Der Arbeitsausfall

Verschlechterung der Vermögenslage ausgeblieben ist[33]. In Widerspruch zu diesem Ausgangspunkt steht jedoch die von dem Gericht vorgenommene Schadensberechnung: Der Senat ermittelt nämlich nicht den hypothetischen Verlust des Arztes, den er erlitten hätte, wenn er die seiner Helferin zugedachte Arbeit während seiner gewöhnlichen Dienstzeit verrichtet hätte — die „besonderen Anstrengungen", d. h. die Mehrarbeit am Feierabend soll der Schuldnerin „nicht zugute kommen", ist also bei der Schadensberechnung auszuklammern —, sondern er errechnet den Schaden des Gläubigers in der Weise, daß er für seine tatsächlich geleisteten Überstunden in Höhe des von ihm als Arzt erzielten Verdienstes entlohnt wird, wobei die ersparten Kosten für die vertragsbrüchige Arbeitnehmerin in Abzug gebracht werden[34]. Zu diesem Ergebnis vermag man aufgrund der schadensrechtlichen Überlegungen des Bundesarbeitsgerichts nicht zu gelangen; hingegen wäre der Schadensersatzanspruch in der angegebenen Höhe begründet, wenn — und damit ist die Brücke zur Entschädigung für eingebüßte Zeit geschlagen — man den tatsächlich eingetretenen Freizeitverlust des Arztes als Vermögensschaden ansehen und durch Zubilligung des anteiligen Verdienstes abgelten würde[35]. Im Filialleiter-Urteil hingegen hat das Bundesarbeitsgericht die Parallele zur Entschädigung für den zeitweiligen Ausfall eines Kraftfahrzeuges gezogen, dem es gleichzuachten sei, daß die für den Schuldner eingesprungenen Angestellten zeitweilig dem Arbeitgeber nicht für die von ihnen regelmäßig verrichteten Tätigkeiten zur Verfügung standen[36]. Abgesehen von den Bedenken gegen die Gleichsetzung der Gebrauchsmöglichkeit einer eigenen Sache mit der als rechtsgeschäftliche Gegenleistung zu beanspruchenden Verfügbarkeit über fremde Arbeitskraft ist auch die von dem Senat vorgenommene Schadensberechnung fragwürdig, weil das bei der Ermittlung zugrunde gelegte Gehalt der eingesprungenen Angestellten — anders als die Kosten zur Unterhaltung eines Kraftfahrzeuges — nichts über den tatsächlichen Wert der Tätigkeit für den Arbeitgeber aussagt, denn dazu müßte die gesamte Gewinnstruktur des Unternehmens analysiert werden[37].

Die arbeitsgerichtliche Rechtsprechung über die Konsequenzen der Judikatur zur Entschädigung für Nutzungsausfall von Kraftfahrzeugen

---

[33] *Knobbe-Keuk*, VersR 1976, 401, 411; *Larenz*, Anmerkung zu BAG AP Nr. 7 zu § 249 BGB; *Thiele*, SAE 1968, 81, 82; *Thiele*, Festschrift Felgentraeger, S. 393, 401.

[34] *Larenz*, Anmerkung zu BAG AP Nr. 7 zu § 249 BGB; *Lieb*, JZ 1971, 358, 362; *Knobbe-Keuk*, VersR 1976, 401, 411.

[35] Dies entspräche dem Vorschlag von *Grunsky*, Aktuelle Probleme, S. 80 f.; JZ 1973, 425, 426; NJW 1975, 609, 610.

[36] BAG, JZ 1971, 380, 381.

[37] *Lieb*, JZ 1971, 358, 362.

für den Schadensersatz wegen entgangener Arbeitsleistung ist mithin uneinheitlich. Soweit die Parallele von der Entschädigung für die entbehrte Fahrzeugnutzung hin zur Ersatzleistung für entgangene Arbeitsleistung auch ohne Einstellung einer Ersatzkraft gezogen wird, sind damit nur vordergründig gleichgelagerte Sachverhalte angesprochen; die tragenden Rechtsgedanken der „Kommerzialisierung" und „Frustrierung" hingegen „greifen" nur im ersten Fall. Die Entscheidung des Bundesarbeitsgerichts in den Fällen der Arzthelferin und des Filialleiters sind gegensätzlich im Hinblick auf die Aussage über die Anwendbarkeit der Rechtsprechung zum Gebrauchsausfall bei Automobilen; gleich ist indessen das Ergebnis, der Zuspruch von Schadensersatz in Höhe der zeitanteiligen Vergütung des an die Stelle des Vertragsbrüchigen getretenen Arbeitgebers bzw. Kollegen unter Anrechnung der Ersparnis der Unkosten für den Schadensersatzpflichtigen.

Gemeinsame Grundlage der behandelten arbeitsgerichtlichen Urteile ist nicht zuletzt die auch ausgesprochene Überlegung, ein angemessenes Ergebnis zu erzielen, da eine Sanktionierung des Vertragsbruchs angezeigt erscheine[38]. Gegen die Verwirklichung der Ziele der Sanktion, Prävention oder gar Bestrafung mit Mitteln des Schadensrechts sind jedoch bereits Bedenken geltend gemacht worden[39], auf die an dieser Stelle verwiesen werden kann.

---

[38] Vgl.: LAG Frankfurt, NJW 1967, 1103, 1104 („es wäre ungerecht"); BAG, NJW 1968, 221, 222 („es wäre in hohem Maße unbillig").
[39] Siehe oben, 1. Teil, B. I. 2.

Vierter Teil

Wertung und Ausblick

Aus dem bisher Gesagten ist deutlich geworden, daß bei der Grenzziehung zwischen Vermögens- und Nichtvermögensschaden durch die hier behandelte Rechtsprechung kein bereits zu Beginn vorgefertigtes Konzept vorlag, sondern daß im Laufe eines nunmehr 20 Jahre währenden Prozesses ein äußerst komplexes Gebilde von schadensrechtlichen Lehren, deren dogmatische Grundlegung zumeist in der Literatur geleistet wurde[1], durchschritten worden ist. Bedingt auch durch die Beschränkung der richterlichen Aufgabe auf den konkret zu entscheidenden Rechtsstreit bedurfte es nicht der Vorlegung eines fertigen Modells, welches ein großes Feld der durch den ersten „kranken Fall" angesprochenen denkbaren anderweitigen Sachverhaltskonstellationen im Sinne einer eindeutigen Prognose bereits „lösungsreif" gemacht hätte, sondern es war möglich, Schritt für Schritt das begonnene Dogmengebäude im Laufe der Entwicklung auf- und auszubauen, es mithin lange Zeit über — und man muß sagen bis heute[2] — unvollendet zu belassen. In Kauf zu nehmen ist hierbei jedoch eine Gefahr, die sich dann auch realisierte: Solange, um im Bild fortzufahren, noch nicht erkennbar ist, wie der Neubau, der an die Stelle des alten Gebäudes der Interessenlehre treten soll, aussehen wird, solange der nur begonnene Bau noch die Möglichkeit verschiedenartiger Ausgestaltung zuläßt, ist zu befürchten, daß jeder, der seine Entscheidung an dem unfertigen Objekt auszurichten hat, ihm einen Baustein hinzufügen muß, der hernach nicht ins Bild paßt[3]. Dies liegt dann um so näher, wenn schon das Fundament den Weg zu verschiedenen Auffassungen weist, wie dies das weitgefächerte Argumentationsfeld des Bundesgerichtshofs bei der Entschädigung für den Nutzungsausfall des Kraft-

---

[1] Dies gilt für die Lehre vom objektiven Schadensbegriff, die Bedarfstheorie, den Frustrierungsgedanken sowie — soweit sie einen sachlichen Aussagegehalt hat — die Lehre vom „normativen" Schaden.

[2] Wenn auch dem „Rumänienreise"-Urteil eine Entscheidungsprognose entnommen werden kann, so fehlt z. B. dennoch ein klärendes Wort des Bundesgerichtshofs über die Entschädigung für vertane Freizeit.

[3] Deutliche Beispiele hierfür sind die unterschiedliche Beurteilung von Arbeitsausfall, die kontroversen Entscheidungen zur entgangenen Gebrauchsmöglichkeit von Privatbooten sowie das „Schwimmhallen"-Urteil des OLG Köln.

fahrzeuges tut. Zudem läßt die in sich sprunghafte und nicht frei von Widersprüchlichkeiten verlaufene Entwicklung den Schluß zu, daß der Bauherr selbst den Überblick nicht immer behielt und den einen oder anderen Aufbau wieder abreißen mußte, weil andernfalls das Gebäude die notwendige Stabilität nicht hätte erreichen können[4].

Abgesehen von diesen Folgewirkungen für die Rechtssicherheit sind auch die wirtschaftlichen Konsequenzen erheblich. Faßbar sind sie am besten für die als Schwerpunkt hier erörterte Behandlung des Nutzungsausfalls des Kraftwagens. Infolge der Versicherungspflicht schlägt das dadurch bedingte Anwachsen der aus einem Verkehrsunfall sich ergebenden Geldleistungspflichten in Höhe von jährlich ca. 30 Mio. DM[5] über die Prämien bei jedem Fahrzeug-Halter, nicht aber bei dem individuellen Schädiger negativ zu Buche[6]. Bei dieser Konstellation im Tatsächlichen, der Verlagerung der Schadenslasten auf die „breiten Schultern" der Gemeinschaft aller Versicherungsnehmer, büßen auch die auf Einbezug pönaler Elemente (Strafe, Buße, Vergeltung, Prävention) in den zivilrechtlichen Schadensersatz ausgerichteten Überlegungen viel von ihrem Überzeugungsgehalt ein[7]. Zudem ergibt sich hier — wie auch in den von dem Sog der „Kommerzialisierungs"-Rechtsprechung mitbetroffenen Schadensfällen — eine Umschichtung innerhalb der Abwicklung von Rechtsstreitigkeiten hin zu dem Versuch, von seinem Schuldner nicht nur den effektiv erlittenen Vermögensverlust ersetzt zu verlangen, sondern für jede ohne das Schadensereignis unterbliebene Beeinträchtigung eine Geldentschädigung zu verlangen[8]. So bewahrheitet sich das Wort *Tucholskys* „Wenn der Deutsche hinfällt, steht er nicht auf, sondern sieht sich um, wer ihm schadensersatzpflichtig ist". Es ist nämlich nicht so, daß der „Kommerzialisierungs"-Gedanke lediglich bei der Abwicklung von Verkehrsunfallschäden Bedeutung erlangt hat[9], sondern — wie die ergangene Rechtsprechung zeigt —

---

[4] In diesem Sinne ist seitens der Literatur vielfach Kritik geübt worden, vgl.: *Diederichsen*, Festschrift Klingmüller, S. 65, 73 f.; *Honsell*, JuS 1976, 222, 227; *Knobbe-Keuk*, VersR 1976, 401, 403; *Küppers*, VersR 1976, 604; *Larenz*, SchuldR I, 11. Aufl., S. 399; *Larenz*, Festgabe Oftinger, S. 151, 159; *Lieb*, JZ 1971, 358; *Löwe*, NJW 1964, 701, 705; *E. Schmidt*, Athenäum-ZivilR I, S. 557 ff.; *E. Schmidt*, Normzweck, S. 139, 155; *Stoll*, Begriff und Grenzen, S. 35 f.; *Stoll*, JZ 1971, 593; *Stoll*, JZ 1976, 281, 283; *Tolk*, JZ 1975, 530.

[5] Vgl.: *v. Hippel*, S. 77 mit Fußn. 18.

[6] Darauf ist oftmals hingewiesen worden, vgl.: OLG Düsseldorf, NJW 1973, 659, 660; *Kickton*, VersR 1964, 507, 509; *Larenz*, Festgabe Oftinger, S. 151, 160; *Larenz*, Festschrift Nipperdey I, S. 489, 506; *E. Schmidt*, Athenäum-ZivilR I, S. 562; *E. Schmidt*, Normzweck, S. 154.

[7] *Esser / Schmidt*, S. 119.

[8] Vgl. auch: *Breithaupt*, NJW 1953, 97; *Larenz*, Festgabe Oftinger, S. 151, 159 f.; *Tolk*, JZ 1975, 530; *Werber*, AcP 173, 158 f.; *Weyers*, S. 102. Zeugnis davon legt das klägerische Verlangen im „Jagdtrophäen"-Fall, OLG Köln, OLGZ 1973, 7, ab.

[9] Dies hält *Schmidt-Salzer*, BB 1970, 55, 63 für vertretbar.

er findet neben dem Deliktsrecht auch bei Ansprüchen aus Vertrag (Verzug, Gewährleistung) Anwendung[10]. Im gesamten Haftpflichtrecht verschieben sich die Proportionen der Schadensposten, wenn der unmittelbar faßbare und sichtbare Substanzschaden infolge eines Verkehrsunfalls beispielsweise in der Schlußabrechnung mehr und mehr in den Hintergrund tritt gegenüber den als entschädigungspflichtig anerkannten Folgewirkungen für den Betroffenen. Das Schadensereignis löst fast stets bei dem Geschädigten weitere Entbehrungen aus, die zwar nicht in der Vermögensbilanz als ein verbliebener Fehlbetrag zu Buche stehen, deren Entschädigung in Geld jedoch aufgrund der „Kommerzialisierungs"-Lehre als geschuldet erscheinen mag. Infolge der Auswirkungen des zum Schadensersatz verpflichtenden Ereignisses auf andere Gütersphären des Betroffenen „frißt" der eingetretene Vermögensschaden „weiter" und läßt damit die zu erbringende Schadensersatzleistung erheblich anwachsen. So ist es z. B. keineswegs abwegig anzunehmen, daß der als Ausgleich für die entbehrte Nutzung des Kraftwagens geschuldete Geldbetrag den zur Behebung des entstandenen Substanzschadens erforderlichen übersteigt[11], er kann höher sein als die tatsächlichen Mietkosten eines „ausgewachsenen", jedoch weniger exklusiven Ersatzfahrzeuges[12]. Doch auch soweit der Betroffene tatsächlich den Ausfall durch den Gebrauch eines Mietwagens ausgeglichen hat, ist die Ersatzverpflichtung hinsichtlich der Proportion zum eingetretenen Substanzschaden nicht unproblematisch: So billigte z. B. das Landgericht Nürnberg-Fürth DM 4 194,22 (85 % der entstandenen Mietwagenkosten) einer Türkin als Schadensersatz zu, die insgesamt 9 082 km mit einem Mietwagen zurückgelegt hatte, weil ihr Pkw bei der Fahrt in ihre Heimat beschädigt worden war[13]. Zudem ist es üblich geworden, Ersatzfahrzeuge sich bei Verwandten oder Bekannten zu den sodann als Schaden geltend gemachten Kostensätzen gewerblicher Vermieter zu beschaffen[14]; die Annahme, daß tatsächlich an den pri-

---

[10] *Verzug:* BGH, NJW 1976, 1630; OLG Saarbrücken, DAR 1965, 299; KG, NJW 1967, 1233; OLG Nürnberg, DAR 1969, 300; OLG Frankfurt, NJW 1976, 1320; AG Iserlohn, VersR 1965, 1212. *Gewährleistung:* BGHZ 63, 98; BGHZ 63, 393; OLG Frankfurt, NJW 1967, 1372; KG, OLGZ 1969, 17; KG, MDR 1971, 1007; OLG Frankfurt, NJW 1973, 470; OLG Köln, NJW 1973, 1083; OLG Köln, NJW 1974, 561; LG München I, MDR 1970, 925.

[11] Für *Diederichsen,* Festschrift Klingmüller, S. 65, 77 ist dies Grund genug, die Entschädigung für Gebrauchsverlust überhaupt aufzugeben.

[12] Vgl.: BGH, NJW 1970, 1120.

[13] LG Nürnberg-Fürth, VersR 1974, 507; anders hingegen das OLG Nürnberg, MDR 1974, 135, das den klagenden Studenten darauf verwies, daß er sich für DM 2 800,— ein Ersatzfahrzeug für seinen beschädigten Kraftwagen hätte beschaffen können, statt die vorgesehene Urlaubsreise mit einem Mietwagen durchzuführen, was Unkosten in Höhe von DM 4 500,— verursachte; s. dazu auch OLG Stuttgart, VersR 1977, 44; LG Köln, VersR 1977, 48, 49.

[14] Vgl.: BGH, NJW 1975, 255; LG Mainz, NJW 1975, 1421.

vaten Vermieter weniger gezahlt worden ist, daß vielmehr beide Seiten einvernehmlich ein gutes Geschäft auf Kosten des Schädigers bzw. seiner Versicherung machten, liegt in diesen Fällen nur zu nahe[15]. Kommen für vertane Zeit weitere Geldbeträge hinzu, die nach dem durchschnittlichen Verdienst des Geschädigten zu bemessen sind, so wächst die als Schadensersatz geschuldete Summe weiter an, denn jeder Schadensfall wird den Betroffenen Zeit kosten. Es gibt auch zu denken, daß nach der Rechtsprechung der Gewährleistungsanspruch für mangelbehaftete Leistungen von Reiseveranstaltern sich nicht in der Rückzahlung des Preises für die — wenn auch fehlerhafte — Reiseleistung erschöpft, sondern zusätzlich ein oft genug höherer Betrag als Entschädigung für die vertane Urlaubszeit geschuldet wird[16].

In der Sache ist das nun herauskristallisierte Unterscheidungsmerkmal der Verkehrsauffassung als solches der Rechtsordnung, auch dem Zivilrecht, nicht fremd[17]; ihm ist eine gewisse Flexibilität eigen, die Fähigkeit, den Wandel im Verständnis vom materiellen Schaden mitzuvollziehen[18] und dem „Zeitgeist", der zu einer Vermarktung weiter Bereiche menschlichen Lebens neigt und dem es darum zu tun ist, möglichst vieles zu Geld zu machen[19], zu folgen; jedoch liegt in dieser „Dynamik" gerade auch die Schwäche: Die Offenheit für die Empfindungen der Allgemeinheit provoziert den Einfallsreichtum der von einem Schadensfall Betroffenen, aus dem Erlittenen „Kapital zu schlagen" und sich damit ein „Trostpflaster"[20] zu verschaffen. Diesen Versuchen ist die Rechtsprechung nur durch Entscheidungen im Einzelfall begegnet, das Mosaikbild, an dem sich die Grenze zwischen materiellem und immateriellem Schaden ablesen lassen soll, ist so nur Stück für Stück zusammengesetzt worden.

Für einen Ausblick auf die weitere Entwicklung des Schadensrechts, wie sie durch die Judikatur, um deren Erörterung es hier geht, bereits so weit fortgeführt ist, daß eine völlige Abkehr von dem beschrittenen

---

[15] *Fenn*, NJW 1975, 684.

[16] Im „Rumänienreise"-Fall z. B. betrug der Preis der Reise für 2 Personen DM 2 322,—, der „Wert der Urlaubszeit" einer Person DM 2 500,—, vgl. BGHZ 63, 98, 99.

[17] So ist z. B. für die Beurteilung der Besitzverhältnisse (tatsächliche Gewalt im Sinne von § 854 BGB) die Verkehrsanschauung maßgeblich, vgl.: *Palandt / Bassenge*, § 854 Anm. 1 a); *Westermann*, S. 58.

[18] *Soergel / Reimer Schmidt*, §§ 249 - 253 Rdnr. 85.

[19] *Breithaupt*, NJW 1953, 97; *Larenz*, Festgabe Oftinger, S. 151, 159 f.; *Tolk*, JZ 1975, 530; *Werber*, AcP 173, 158 f.; *Weyers*, S. 102.

[20] In diesem Sinne (Schmerzensgeld) wird die wahre Rechtsnatur der Nutzungsausfallentschädigung vielfach verstanden, vgl.: *Bötticher*, VersR 1966, 301, 312; *Diederichsen*, Die Flucht, S. 43 f.; *Heyse*, VersR 1963, 25; *Keuk*, S. 215; *Knobbe-Keuk*, VersR 1976, 401, 403; *Reinicke*, NJW 1965, 385; *E. Schmidt*, Athenäum-ZivilR I, S. 562; *H. W. Schmidt*, NJW 1962, 2205, 2206; *Stoll*, JuS 1968, 504, 512.

Weg nicht erwartet werden kann, ist zu berücksichtigen, daß das äußerst komplexe Bild der Argumentation nicht zuletzt auch von dem Gesichtspunkt der Billigkeit, d. h. von einer gewandelten wertenden Vorstellung davon, was ersatzfähig sein soll[21], geprägt ist. Die mehr und mehr wertende Betrachtungsweise, die ausgesprochen oder unausgesprochen das Bestreben um eine Sanktion in das zivile Schadensersatzrecht verlagert[22] und es damit von der Funktion des Ausgleichs mit dem Seitenblick auf alternative, nur gedachte Geschehensabläufe befreit[23], erschwert eine Prognose. Gesicherte Erkenntnis vermag sich insoweit nur auf zwei erkennbare Grundtendenzen des „Kommerzialisierungs"-Gedankens zu gründen, zwischen denen hindurch der weitere Weg beschritten werden wird: Einerseits ist dies die vom subjektiven Empfinden der Angemessenheit einer zivilrechtlichen Sanktion getragene Ausweitung des Bereichs des Vermögensschadens, andererseits die aus der Furcht vor einer unübersehbaren Ausuferung der Schadensersatzverpflichtung erwachsene Betonung restriktiver Gesichtspunkte („Fühlbarkeit", Unterscheidung zwischen subjekt- und objektbezogenem Eingriff, anspruchsbegrenzende Handhabung des Merkmals der Verkehrsauffassung).

---

[21] *Nüssgens*, 25 Jahre Bundesgerichtshof, S. 92, 102 mit Fußn. 59.
[22] So ganz deutlich das Oberlandesgericht Frankfurt, NJW 1976, 1320, das eine Geldentschädigung für Freizeitverlust nur bei schwerwiegendem Schuldvorwurf (Vorsatz, grobe Fahrlässigkeit) zusprechen möchte; hierzu läßt sich den gesetzlichen Vorschriften (§§ 286, 253 BGB) nichts entnehmen.
[23] Vgl. hierzu die Ausführungen zum „normativen" Schadensbegriff und den ihm verwandten Gedankengängen, oben, 1. Teil, B. I. 2. und 3.

Fünfter Teil

Eigener Vorschlag zur Abgeltung von Entbehrungen durch Entschädigung in Geld

In den vorhergehenden Ausführungen ist deutlich geworden, daß die Abgrenzung des Vermögens- vom Nichtvermögensschaden, wie sie die Rechtsprechung mit dem „Kommerzialisierungs"-gedanken zu verwirklichen trachtet, als solche unscharf und nicht frei von Ungereimtheiten ist. In der Sache sind zwei Überlegungen maßgeblich für den angesprochenen Problemkomplex: Zum einen ist dies die Ausweitung des Bereichs des Vermögensschadens und damit der Entschädigungspflicht gegenüber der auf einer Differenzrechnung beruhenden Formel der Interessenlehre; zum anderen ist jedoch bei der Neubestimmung des durch Geldleistung zu ersetzenden Schadens auch zu verhindern, daß die Schadensersatzverpflichtung ins Uferlose ausgeweitet wird. Beiden Aspekten soll der nunmehr zu entwickelnde und zu diskutierende anderweitige Lösungsvorschlag Rechnung tragen. Hierbei ist es neben allem Bemühen um eine Absicherung im Theoretischen nicht minder mein Bestreben, die Ergebnisse der Judikatur zur Entschädigung für den Nutzungsausfall des Kraftwagens von einem anderen Ausgangspunkt her so aufzuarbeiten, daß damit auf breiterer Grundlage zugleich der Entwurf eines Rasterbildes entsteht, in welchem die vorgefundene und im einzelnen analysierte Abgeltung von Entbehrungen durch die Gewährung einer Entschädigung in Geld eine Entsprechung findet, und das auch die Einordnung sachlich verwandter Fälle ermöglicht.

A. Die Funktion des zivilrechtlichen Schadensersatzes

Die Überlegungen und Bemühungen in Richtung auf eine schadensrechtliche Erfassung und Einordnung der Entschädigungspflicht für Entbehrungen haben auszugehen von dem Zweck zivilrechtlichen Schadensersatzes und der Erkenntnis dessen, worauf sich die Aussage gründet, daß jemand einen Vermögensschaden erlitten hat. Nur auf dem Boden dieser grundlegenden Aussage läßt sich die gestellte Aufgabe in einem die Einzelkomplexe übergreifenden Sinne bewältigen. Als Primärzwecke des Schadensersatzes kommen drei Ziele in Betracht, die mit der Ausgestaltung der Verpflichtung zur Schadensersatzleistung in den §§ 249 ff. BGB erreicht werden sollen:

A. Die Funktion des Schadensersatzes

Denkbar ist es, die Funktion des Schadensersatzes darin zu sehen, daß es gelte, dem Schädiger ein Übel zuzufügen, um ihm auf diese Weise die Mißbilligung seines die Ersatzpflicht auslösenden Verhaltens vor Augen zu führen und im übrigen auch vor der Wiederholung solcher Schädigungen abzuschrecken. Die zivilrechtliche Schadensersatzpflicht träte dann ergänzend neben den staatlichen Strafanspruch und würde dem gleichen Zweck dienen. Für den Inhalt der Leistungspflicht des Schädigers wäre dann das Ausmaß der von dem Geschädigten tatsächlich erlittenen und ggf. von Zufälligkeiten beeinflußten Einbuße nur von untergeordneter Bedeutung; in erster Linie müßte nämlich maßgeblich sein, welche „Strafe", die Auferlegung welcher Verpflichtung also, eine angemessene Reaktion auf das die Ersatzpflicht auslösende Verhalten ist. Gegen den Gedanken des Strafcharakters der Schadensersatzpflicht ist jedoch bereits Stellung bezogen worden[1], so daß unter Verweis hierauf dieser Primärzweck ausgeschieden werden kann.

Als zweite Funktion ist an die einer Sanktion zu denken, wie sie in der Lehre vom objektiven Schaden unter dem Stichwort der Rechtsverfolgung Ausdruck gefunden hat[2]. Unter Sanktion ist in diesem Sinne nicht ein auf die Person des Schädigers bezogenes Übel zu verstehen, wie dies der Straf- oder Bußfunktion zugrunde liegt, sondern die Sanktion gilt dem Erfolg des schädigenden Ereignisses. Die Unverbrüchlichkeit der Rechte soll demnach durch die Schadensersatzpflicht versinnbildlicht werden, indem die Rechtsverletzung sogleich den Ersatzanspruch zur Entstehung gelangen und die Stelle des Eingebüßten einnehmen läßt. Der sachliche Inhalt des Sanktions- und Rechtsverfolgungsgedankens ist also die Auffassung, daß die Rechtsordnung den Gehalt der Rechte garantiert, weil sie wegen des im Fall der Rechtsverletzung gegebenen Schadensersatzanspruches unter ihren objektiven Wert nicht absinken können. Wenn der Schadensersatz die Funktion hat, den objektiven Gehalt der durch die Schädigung bewirkten Wertminderung des Rechts auszufüllen, so sind die subjektiven Auswirkungen der Schädigung auf den Betroffenen allenfalls von untergeordneter Bedeutung: Die Schadensersatzpflicht richtet sich sodann nach dem objektiven Wertabfluß infolge der Verletzung, wobei es gleichgültig ist, ob der Geschädigte ihn überhaupt als Schädigung empfindet oder aber ihm gleichgültig gegenübersteht. Der Schaden wird begriffen als das Ergebnis einer isolierten Differenzrechnung. Verglichen wird nämlich der Wert des unverletzten Rechts, wie es nunmehr ohne das die Ersatzpflicht auslösende Ereignis bestünde, mit dem tatsächlichen Wert des Rechts. Der Differenzbetrag wird als Schadensersatz geschuldet.

---

[1] Oben, 1. Teil, B. I. 2.
[2] Siehe oben, 1. Teil, B. I. 1.

Es ist bereits darauf hingewiesen worden[3], daß der Sanktionsgedanke dort versagt, wo die Schadensersatzpflicht auch bei rechtmäßigem Verhalten besteht, weil die Rechtsordnung in diesen Fällen gerade keinen Integritätsanspruch des verletzten Rechts kennt. An dieser Stelle sei dem ein zweites Bedenken hinzugefügt: Jede widerrechtliche Rechtsverletzung würde den Geltungs- und Integritätsanspruch leugnen und müßte demnach die Sanktion der Schadensersatzverpflichtung auslösen; für das zusätzliche Erfordernis des Verschuldens bei zahlreichen Haftungstatbeständen gibt es indessen keine Erklärung. Daran wird aber zugleich deutlich, warum die von *Neuner*[4] angeführte Parallele von den „eigentlich rechtsverfolgenden" negatorischen Ansprüchen, die das Verschuldenserfordernis ausnahmslos nicht enthalten, zu den Schadensersatzansprüchen sich nicht ziehen läßt. Der Sanktionsgedanke scheidet somit als Primärzweck des Schadensersatzes gleichfalls aus.

Damit ist und bleibt entschieden, daß es die Funktion des Schadensersatzes in erster Linie ist, die von dem Geschädigten erlittene Einbuße auszugleichen, den Bestand seiner Güterwelt so weit aufzufüllen, daß der Stand erreicht wird, der ohne das zum Ersatz verpflichtende Ereignis bestünde[5]. Die Schadensermittlung erfolgt somit notwendig aufgrund einer Differenzrechnung[6], die aber nicht auf das isolierte betroffene Rechtsgut beschränkt ist, sondern umfassend den gesamten Vermögensbestand des Geschädigten einbezieht, um auf diese Weise den durch das schädigende Ereignis ausgelösten Vermögensfehlbestand in seiner Gesamtheit zu erfassen. Aufgrund der vorrangigen Ausgleichsfunktion des Schadensersatzes ist der Schadensbegriff subjektbezogen und situationsgebunden insofern, als es für das Ausmaß der Ersatzverpflichtung unerheblich ist, wie sich das schädigende Ereignis bei einem anderen Geschädigten oder auch bei dem Betroffenen selbst in einer anderen Situation vermögensmäßig ausgewirkt hätte.

Diesem zunächst abstrakt herausgestellten Grundsatz, der in der Differenzrechnung nach der überkommenen Interessenlehre deutlichen Ausdruck gefunden hat, ist Rechnung zu tragen, wenn ihr im folgenden für die Abgeltung von Entbehrungen durch Schadensersatz in Geld eine Ergänzung an die Seite gestellt und mit ihren Konsequenzen für die behandelten Fallgruppen erörtert wird.

---

[3] Oben, 1. Teil, B. I. 1.
[4] *Neuner*, AcP 133, 277, 305 f.; siehe oben, 1. Teil, B. I. 1.
[5] Entschieden in diesem Sinne auch: *Esser / Schmidt*, S. 120 („Absoluter Vorrang des Ausgleichsgedankens"). Dies entspricht nach *Larenz*, VersR 1963, 1 auch der Auffassung der Verfasser des BGB.
[6] Für *Wolf*, Festschrift Schiedermair, S. 545, 578 gibt es keine andere Methode der Schadenserkenntnis, als die eines Vergleichs.

B. Grundlegung, Schaden entspricht dem Entgelt für die Einverständniserklärung mit den Folgen des Schadensereignisses

Wie bereits an anderer Stelle[1] angesprochen wurde, erlaubt die Beurteilung der Entschädigung für die Gebrauchsentbehrung von Sachen auch eine Betrachtung unter dem Blickwinkel der bei Eingriffen in Ausschließlichkeitsrechte des Immaterialgüterrechts zugelassenen Schadensberechnungsart, die sich in der Zubilligung einer angemessenen Lizenzgebühr ausdrückt.

I. Die Schadensermittlung

Bei dieser Art der Schadensermittlung wird nicht die Frage gestellt, um wieviel der Betroffene infolge des Schadensereignisses ärmer geworden, mit welcher Verbindlichkeit er belastet worden ist (damnum emergens) oder welchen Vermögenszuwachs er nicht hat erlangen können (lucrum cessans), sondern er wird so gestellt, als seien der Eingriff und seine Folgen kraft vertraglicher Gestattung gerechtfertigt gewesen, als habe der Geschädigte sich also mit dem Geschehen vor dem Schadensfall einverstanden erklärt. Da er dies jedoch nicht ohne Gegenleistung getan hätte, besteht sein — in diesem Sinne — „Vermögensschaden" in dem Entgelt für die Lizenzierung der Folgen des schädigenden Umstandes. Dieser Gedanke wird in der behandelten Rechtsprechung, freilich nur vereinzelt und weithin unbeachtet, auch geäußert[2]. Überträgt man diese Methode aus dem Immaterialgüterrecht in das gesamte Deliktsrecht, so stellt sich bei der Ermittlung der Schadensersatzverpflichtung allein die Frage, um welchen Preis der Gläubiger die Entbehrung der Sachnutzung hingenommen hätte; damit ist der Weg gewiesen zur Bemessung des Wertes der Gebrauchsmöglichkeit für den Geschädigten[3]. Ob der Betroffene das Eingebüßte vermögenswirksam eingesetzt hätte oder allein zu seinem persönlichen Vergnügen, ist dann unerheblich, der Ausfall „trifft" ihn in beiden Fällen, wenn er freiwillig ohne Gegenleistung die Einbuße nicht hingenommen hätte.

In vergleichbarer Weise läßt sich m. E. mit der Gebrauchsentbehrung des eigenen Kraftwagens verfahren, indem man ermittelt, welchen Vermögenswert die Nutzungsmöglichkeit für den Geschädigten hat, um welchen Preis er freiwillig auf sie verzichten würde, ungeachtet der Tatsache, daß der fingierte Vertragsschluß nicht in Betracht gekommen wäre, weil der Betroffene das Automobil für sich fahrbereit verfügbar haben wollte; es würde damit dem Gläubiger die Möglichkeit eröffnet,

---

[1] Siehe oben, 1. Teil, B. II. 4. und 5.
[2] Vgl.: BGH, NJW 1963, 2020, 2021; BGHZ 56, 214, 220.
[3] Darauf stellt der Bundesgerichtshof zur Festlegung der Höhe der Entschädigung ab, vgl.: BGHZ 56, 214, 218.

den nun tatsächlich eingetretenen und nicht mehr rückgängig zu machenden Ausfall als gegeben hinzunehmen und sich dadurch schadlos zu halten, daß er dafür nun den Preis verlangt, der aus seiner Sicht angemessen erscheinen muß[4].

Geht man unter dem dargestellten Blickwinkel der Frage nach, ob der durch einen Verkehrsunfall geschädigte Halter eines Kraftwagens von dem Verantwortlichen auch einen Geldbetrag zum Ausgleich für die entbehrte Nutzungsmöglichkeit des Fahrzeugs beanspruchen kann, so ergibt sich das folgende Bild: Allein durch die Erstattung der Reparaturkosten sowie des nach der Wiederinstandsetzung verbliebenen technischen und merkantilen Minderwerts des Automobils sind die Unfallfolgen für den Geschädigten in der Regel noch nicht vollends kompensiert. Bis zum Abschluß der Reparatur nämlich mußte er darauf verzichten, die Sache gebrauchsbereit verfügbar zu haben. Diesen Verzicht aber hätte er in aller Regel nur gegen ein angemessenes Entgelt geleistet, weil es für ihn etwas „wert" ist, sein Fahrzeug wie bisher nutzen zu können. Bei der Feststellung des Preises für die von dem Geschädigten in seiner spezifischen Situation hingenommene Entbehrung wird man sich von zwei Erwägungen leiten lassen können, die zusammen eine ausreichende Schätzungsgrundlage ergeben. Die gebrauchsunabhängigen Gemeinkosten zum einen stellen die untere Grenze dieses Wertes dar; da der Betroffene tatsächlich ein Fahrzeug angeschafft und unterhalten hat, somit die hierbei anfallenden Unkosten auf sich nahm, hat er zu erkennen gegeben, daß ihm die Verfügungsmöglichkeit über ein fahrbereites Automobil zumindest diesen Preis „wert" war. Es liegt jedoch die Vermutung nahe, daß er auch um den Preis der Erstattung dieser Kosten den Verzicht freiwillig nicht erklärt hätte[5], weil er nämlich bei Anschaffung und Unterhaltung des Kraftwagens auf seinen Vorteil bedacht gewesen, er mithin dadurch einen nach seinem subjektiven Wertempfinden die Unkosten übersteigenden Gegenwert sich „eingekauft" haben wird. Zum anderen erlaubt die Tatsache, daß der Geschädigte tatsächlich davon abgesehen hat, den Ausfallzeitraum durch Beschaffung eines zu den Kostensätzen gewerblicher Vermieter erlangbaren Ersatzfahrzeugs zu überbrücken, den Schluß, daß ihm die Gebrauchsmöglichkeit des Wagens diesen Preis nicht wert war. Die Entschädigungssumme für die Entbehrung liegt somit — im Einklang mit der Rechtsprechung[6] — bei einem zwischen diesen beiden Bezugsgrößen festzulegenden Geldbetrag. Aus der subjekt- und situationsgebundenen Fragestellung ergeben sich freilich Aus-

---

[4] Ähnlich rechtfertigt der Bundesgerichtshof diese Berechnung bei Immaterialgüterrechten, vgl. BGHZ 44, 372, 379.
[5] Ebenso: BGHZ 56, 214, 220.
[6] Vgl. oben, 1. Teil, A. III. 1. mit Nachweisen in Fußn. 25 und 26.

nahmen von der im Grundsätzlichen anerkannten Entschädigungspflicht für den zeitweiligen Ausfall der Fahrzeugnutzung. Sofern sich herausstellt, daß der Betroffene die abzugeltende Entbehrung ohnehin erlitten oder aufgrund freiwilligen Entschlusses hingenommen hätte, weil er das Fahrzeug während des fraglichen Zeitraums nicht gebrauchen konnte oder wollte — infolge einer Krankheit oder einer ohne den Wagen angetretenen Reise beispielsweise —, so lag das Potential für ihn in dieser Zeit brach; es kann ihm sodann vernünftigerweise nicht als Schaden erscheinen, ohne Anspruch auf eine Gegenleistung Verzicht leisten zu müssen, weil dieser nämlich bereits aus anderen Gründen erklärt oder aufgezwungen war. Das von der Rechtsprechung aufgestellte Erfordernis der „Fühlbarkeit" der Entbehrung[7] erklärt sich aus der hier vorgetragenen Sicht der Dinge mithin von selbst. Behilft sich der Geschädigte während der Ausfallzeit mit dem Ersatz durch einen Fahrzeugtyp minderer Leistung oder geringeren Komforts, so ist ihm für den Fortfall der Gebrauchsmöglichkeit des eigenen Wagens dann eine Entschädigung zu versagen, wenn — wofür sein tatsächliches Verhalten, das Begnügen mit dem schwächeren Ersatzfahrzeug nämlich, ein Indiz sein kann — ihm just in diesem Zeitraum einzig daran gelegen war, einen „fahrbaren Untersatz" verfügbar zu haben, wenn ihn also dieser Komfortverzicht nicht negativ „getroffen" hat, da er für seine Zwecke und Bedürfnisse sich vernünftigerweise auch mit einem anderweitigen betriebsbereiten Automobil zufrieden gegeben hätte. In aller Regel jedoch wird es dem Gläubiger nicht gleichgültig sein, daß er seinen Wagen gegen einen minderwertigen zeitweilig eingetauscht hat; er wird dies zumeist als Einbuße empfinden müssen, zumal aus der Anschaffung und Unterhaltung seines kostspieligeren Fahrzeugs erkennbar geworden ist, daß er nicht lediglich irgendein Automobil will, sondern auch einen gewissen Grad an Ausstattung und Motorisierung. Daher ist zumeist auch ein Geldbetrag zum Ausgleich jenes „Komfortverlusts" zuzusprechen; in der Höhe entspricht er dem Differenzbetrag zwischen dem Nutzungswert des eigenen Fahrzeugs und dem des Ersatzwagens[8]. In gleicher Weise ist es zu beurteilen, wenn der Geschädigte nicht den vollen Karenzzeitraum, sondern nur einen Teil davon durch Miete eines Ersatzfahrzeugs überbrückt: Sofern er auch den eigenen Kraftwagen lediglich sporadisch genutzt hätte, ist ihm mit der Erstattung der Kosten für die an dessen Stelle getretene Mietsache insoweit

---

[7] Vgl. oben, 1. Teil, A. III. 2. mit Nachweisen in Fußn. 32 - 34.
[8] Im Ergebnis wird daher *Detlefsen*, S. 93 sowie *Klunzinger*, VersR 1970, 881, 882 gefolgt; von der Praxis in der Rechtsprechung, die einerseits die Entschädigungssätze bei der Bemessung des Nutzungswerts an den unterschiedlichen Wagentypen ausrichtet, andererseits jedoch die Gebrauchsmöglichkeit des stärkeren oder komfortableren Fahrzeugs als Affektionsinteresse ansieht, worin ein Widerspruch liegt — vgl. oben, 1. Teil, A. III. 3. — ist damit Abstand genommen.

voller Ausgleich zuteil geworden[9]. Zumeist jedoch wird man seinen Entschluß dahingehend verstehen müssen, daß lediglich für die unausweichlichen Fahrten der Mietwagen genommen wurde, das eigene Fahrzeug hingegen auch sonst noch eingesetzt worden wäre. Sodann ist für diesen Zeitraum effektiver Nutzungsentbehrung zusätzlich zu der Erstattung der entstandenen Unkosten eine Entschädigung in Geld zu leisten[10]

II. Die Stellung der Berechnungsart im Schadensrecht, Kritik des Vorschlags

Nahezu ausnahmslos wird in Literatur und Rechtsprechung die Auffassung vertreten, die Schadensberechnung nach der angemessenen Lizenzgebühr sei ein in die allgemeine Schadenslehre nicht passender Sonderfall, der als solcher es nicht erlaube, auf andere Sachverhalte übertragen zu werden; die Zulassung solch „abstrakter" Schadensberechnung sei gewohnheitsrechtlich begründet und rechtfertige sich aus ihrem Grundgedanken, dem anspruchsberechtigten Rechtsinhaber, dem der Nachweis eines konkreten, bezifferbaren Vermögensschadens infolge der Verletzung seines gewerblichen Schutzrechts zumeist unmöglich oder unzumutbar sei, zu Hilfe kommen zu müssen, zumal Immaterialgüterrechte wegen ihrer besonderen Verletzlichkeit eines solchen Schutzes bedürften[11]. Dieser Auffassung stehen indessen alle jene Gesichtspunkte entgegen, die auch gegen die Einbeziehung pönaler Elemente in das Schadensrecht, die zwangsläufig von der Ausgleichsfunktion zivilen Schadensersatzes wegführen muß, vorzubringen sind. Stark ausgeprägt ist auch hier nämlich eine auf Wertungen basierende Argumentation, die die „Billigkeit" ihrer Ergebnisse betont[12]; des weiteren wird — eine dem „normativen" Schadensbegriff eigene Verfahrensweise[13] — ein gedachter alternativer Geschehensablauf (die Ein-

---

[9] Vgl. dazu auch: SchlH OLG, SchlHA 1964, 237, 240; OLG Celle, NJW 1965, 1534; LG Frankfurt, VersR 1964, 420 (der Kläger hatte kein Mietfahrzeug genommen, obwohl die Versicherung ihm Kostenerstattung zugesichert hatte); AG München, VersR 1967, 512 (der Kläger braucht nicht nachzuweisen, daß er täglich mit seinem Fahrzeug gefahren wäre); AG München, VersR 1967, 891 (die klagende Hausfrau hatte nicht dargetan, wann sie den Wagen benutzt hätte); AG Opladen, NJW 1972, 2305 (der Geschädigte verstößt gegen § 254 BGB, wenn er für 12 Tage einen Wagen mietet, aber nur 150 km fährt).
[10] Ebenso: *Hermann*, S. 122; *Schmidt-Salzer*, BB 1970, 55, 61.
[11] BGHZ 20, 345, 353; BGHZ 26, 349, 353; BGHZ 57, 116, 118 f.; BGHZ 59, 286, 291; Bay ObLG, NJW 1965, 973, 975 f.; *Däubler*, JuS 1969, 49, 51 f.; *Deutsch*, HaftungsR I, S. 445; *Bötticher*, AcP 158, 385, 409; *Esser / Schmidt*, S. 166; *Hamann*, Methoden, S. 75 ff.; *Larenz*, SchuldR I, 11. Aufl., S. 408; *Loewenheim*, ZHR 135, 97, 117; *Loewenheim*, JZ 1972, 12, 14; *Steindorff*, AcP 158, 431, 457; *Stoll*, Begriff und Grenzen, S. 23 Fußn. 54; *Palandt / Thomas*, § 687 Anm. 2 c). Anderer Auffassung: *Keuk*, S. 87; *Medicus*, Bürgerliches Recht, 7. Aufl., Rdnr. 833; *Neumann-Duesberg*, BB 1965, 729, 731; *J. Schmidt*, JZ 1974, 73, 78.
[12] Vgl.: BGHZ 20, 345, 353; BGHZ 57, 116, 119; BGHZ 59, 286, 293.

B. Grundlegung (Kritik)

holung einer Lizenz) angeführt, um aus dem Vergleich mit diesem die Angemessenheit einer solchen „Sanktion" zu rechtfertigen, der rechtswidrig verfahrene Schädiger dürfe gegenüber dem rechtmäßig Handelnden, der sich zuvor eine Erlaubnis durch den Rechtsinhaber „erkauft" habe, keine Bevorzugung genießen[14]. Dieser Rechtsgedanke ist im Schadensrecht überdies insofern befremdend, als er das Augenmerk von dem Gläubiger des in Frage stehenden Anspruchs ablenkt und auf den Schuldner richtet: Dessen Situation ist im Bereicherungsrecht bedeutsam, wenn es um Schadensersatz geht, ist hingegen der Blick auf die Verhältnisse bei dem Anspruchsinhaber gerichtet[15], denn die bei diesem eingetretene Einbuße ist es, die es zu ermitteln und auszugleichen gilt. Treffender ist es daher, den „Schaden" in der Weise darzulegen, daß man ausführt, dem Betroffenen sei etwas widerfahren, was er von Rechts wegen nur bei seinem Einverständnis — und somit bei der von ihm in aller Regel wahrgenommenen Möglichkeit der Erzielung einer Lizenzgebühr — hinzunehmen hat; die ihm vorenthaltene Gegenleistung mache den zu ersetzenden Schaden aus[16].

Was nunmehr die Sonderstellung der Schadensberechnung nach einer angemessenen Lizenzgebühr anbelangt, so läßt sich nicht leugnen, daß mit ihr von dem traditionellen Verständnis der §§ 249 ff. BGB und dem Erfordernis konkreten Schadensnachweises abgewichen ist: Ein „Vermögensschaden", der weder seiner Entstehung noch seiner Höhe nach als gesichert gelten kann, wird unterstellt und pauschal dadurch abgegolten, daß ein entgangener Gewinn zugesprochen wird, den der Anspruchsinhaber auch ohne das Schadensereignis tatsächlich zumeist nicht erzielt hätte. Jedoch kann man sich bei einer Differenzrechnung auch daran orientieren, was von Rechts wegen der Normalzustand wäre hinsichtlich der tatsächlichen Lage, wie sie sich infolge des Schadensereignisses nunmehr darstellt; diese Anregung hat J. Schmidt gegeben[17]. Er richtet sein Augenmerk auf die Differenz nach der Rechtslage, die es auszugleichen gelte: Bei erlaubtem Handeln hätte der Schädiger die Gegenleistung aufgrund des seinen Eingriff in fremde Vermögensberechtigung rechtfertigenden Vertrags erbringen müssen, in eben diesen Zustand aber müsse der von dem rechtswidrigen Handeln Betroffene versetzt werden. Gegenüber diesem Gedankengang verfängt die Beschränkung dieser Schadensberechnungsmethode auf die Verletzung

---

[13] Vgl. oben, 1. Teil, B. I. 3.
[14] BGHZ 20, 345, 353; BGHZ 44, 372, 379; BGHZ 57, 116, 119; BGHZ 59, 286, 291.
[15] *RGRK / Nastelski*, Vorbem. §§ 249 - 255, Anm. 9; *Staudinger / Werner*, Vorbem. §§ 249 - 255, Rdnr. 86; BGH, NJW 1977, 1194.
[16] So anfangs das Reichsgericht, vgl.: RGZ 35, 63, 67 f.; RGZ 43, 56, 61.
[17] *J. Schmidt*, Aktionsberechtigung, S. 92 ff.; *J. Schmidt*, JZ 1974, 73, 78 f.

von Immaterialgüterrechten nicht. Die Begründung, bei Sachenrechten brauche die Rechtsordnung die „abstrakte" Schadensberechnung nicht zuzulassen, da diese vergleichsweise weniger leicht verletzbar seien[18], überzeugt allein nicht vollends: Auch Sachenrechte, beispielsweise das Eigentum an einem Kraftfahrzeug, sind verletzungsanfällig, wovon die große Zahl von Verkehrsunfällen mit Sachschaden deutliches Zeugnis ablegt. Der Nachweis eines konkret bezifferbaren Vermögensschadens infolge des Fortfalls der Gebrauchsmöglichkeit, den der Sachschaden nach sich zieht — unabhängig davon, ob man dieses „Nutzenkönnen" als eigenen Vermögenswert ansieht oder als unselbständigen Teilaspekt des Vollrechts Eigentum[19] —, ist hingegen ebenfalls oft nicht möglich, weil mit der Sache kein Gelderwerb angestrebt wurde. Eine gewisse Ähnlichkeit der Sachverhalte ist daher feststellbar; der in einem Sonderbereich seit langem anerkannte Entgang der Lizenzgebühr stimmt weiterhin auch mit dem Grundsatz überein, daß der Schaden als das Ergebnis einer auf die Verhältnisse bei dem Betroffenen abstellenden Differenzrechnung aufzufassen ist.

III. Der Inhalt der auf das Subjekt ausgerichteten Ersatzpflicht

Im Kern kommt der Schaden nach dieser Berechnungsart der auf dem Boden eines natürlichen Schadensbegriffes von *Mertens* dargelegten Auffassung sehr nahe: *Mertens* zählt nämlich zum Vermögen einer Person auch die Möglichkeit der Nutzung einer Sache, selbst wenn sie immateriellen Zwecken dienen mag, sofern sich deren Wert in Geld ausdrücken läßt[20]. Dazu gelangt er aufgrund der Betonung der subjektiven Beziehungen des Rechtssubjekts zu seinem Vermögen, so daß sich ein Vermögensschaden aus der Störung dieser Zweckbeziehung ergeben kann (Vermögensfunktionsstörung), sofern die gegenständliche Sphäre durch das Schadensereignis betroffen ist[21]. Ähnliches läßt sich von dem Schaden nach der hier vorgetragenen Berechnungsmethode sagen; sie trägt dem Umstand Rechnung, daß das von dem Betroffenen Entbehrte, auch wenn es in der Bilanz seiner Vermögensgesamtlage nicht als ver-

---

[18] So: Bay ObLG, NJW 1965, 973, 976; *Loewenheim*, ZHR 135, 97, 132; *Steindorff*, AcP 158, 431, 457.

[19] Diese Frage ist in der Literatur sehr umstritten. Für den selbständigen Vermögenswert der Gebrauchsmöglichkeit einer Sache für ihren Eigentümer: *Eichler*, Festgabe H. Möller, S. 177, 195; *Hermann*, S. 89; *Kaduk*, VersR 1963, 1007; *Klimke*, NJW 1974, 725, 728; *Niederländer*, JZ 1960, 617, 620; *Nörr*, AcP 158, 1, 6 Fußn. 26; *Wiese*, S. 23 f.; *Wussow*, UnfallhaftpflichtR, Rdnr. 1218. Dagegen: *Detlefsen*, S. 19 ff.; *Esser*, SchuldR AT, S. 276 f.; *Keuk*, S. 214; *Knobbe-Keuk*, VersR 1976, 401, 403; *Küppers*, VersR 1976, 604, 609; *Larenz*, Festschrift Nipperdey I, S. 489, 502; *Sumera*, NJW 1964, 1841, 1842; *Weimar*, VersR 1961, 587 f.

[20] *Mertens*, Der Begriff, S. 145, 157, 228.

[21] *Mertens*, Der Begriff, S. 152, 157, 228.

bliebener geldmäßiger Fehlbetrag gesondert ausgewiesen ist, für ihn doch etwas „wert" war, er selbst dem Verlust also nicht gleichgültig gegenübersteht, sondern ihn als eine Vermögenseinbuße begreifen wird, die sich zwar nicht bis zu einem konkret in Geld bezifferbaren Minus hin wird weiter verfolgen lassen, die aber gleichwohl durch Geldzahlung einem Ausgleich, nicht im Sinne eines Trostpflasters (Schmerzensgeld), sondern im Sinne eines angemessenen Äquivalents durchaus zugänglich ist.

Die hier vorgetragene Ansicht führt somit — abgesehen von der Ausweitung der einbezogenen Rechtsgüter — auch in einem zweiten Aspekt über die Grenzen der zum Ansatzpunkt gewählten Judikatur hinaus. In den Fällen, in denen die Rechtsprechung von dieser Art der Schadensberechnung Gebrauch gemacht hat, entsprach nämlich — quasi spiegelbildlich — dem „Schaden" des Betroffenen ein Zuwachs an „Können" oder „Haben" auf der Seite des Schädigers, indem letzterem dasjenige zugeflossen oder von ihm eigenmächtig in Anspruch genommen worden war, um dessen Abgeltung es bei der Schadensersatzleistung geht. Von dieser Ausgangslage her war auch die im Schadensrecht befremdlich anmutende Parallele zur Lage des Schädigenden bei rechtmäßigem Vorgehen nicht abwegig, denn dieser hatte etwas erlangt, was er von Rechts wegen sich hätte „erkaufen" müssen und sollte diesen „Kaufpreis" als Schadensersatz leisten auch dann, wenn ihm letztlich die Ausnutzung der fremden Rechtsposition keinen Vermögenszuwachs eingebracht hatte[22]. Von daher bietet der hier vertretene Lösungsansatz zunächst nur eine Grundlage zur Beurteilung jener Fälle von Gebrauchsverhinderung oder -beeinträchtigung, in denen die Einbuße des Betroffenen unmittelbar dem Schädiger zugute kam, beispielsweise bei der Entschädigungspflicht des Diebes gegenüber dem Eigentümer[23]. Doch wird man an dieser Stelle kaum stehenbleiben können: Wird anerkannt, daß es um Schadensersatz und nicht um bereicherungsrechtliche Ansprüche[24] geht, so ist es unerheblich, was dem Schuldner zugeflossen ist, oder ob dieser selbst unmittelbar den von Rechts wegen mißbilligten Zustand für sich genutzt hat, allein entscheidend ist das „Betroffensein" des Geschädigten, die von ihm erlittene Einbuße, die der Schädiger auszugleichen hat[25]. Eine Begrün-

---

[22] Vgl.: BGHZ 20, 345, 355.
[23] Darum geht es in der Entscheidung des Landgerichts Kiel, SchlHA 1973, 33. „Entscheidungsreif" in diesem Sinne wären dann auch: Bay ObLG, NJW 1965, 973 (der Beklagte hatte unbefugt Grundwasser des Klägers genutzt); BGH, NJW 1963, 2020 sowie OLG Oldenburg, VersR 1969, 527 (in beiden Fällen waren die Kläger durch von den Beklagten verursachte Lärmbelästigungen in der ungestörten Nutzung ihres Hauses bzw. einer gepachteten Jagd beeinträchtigt).
[24] So: *von Caemmerer*, Festschrift Rabel I, S. 333, 354; ähnlich *Larenz*, SchuldR I, 11. Aufl., S. 407, Fußn. 2 sowie Soergel / Zeuner, § 823 Rdnr. 184.

dung für jenes Erfordernis, daß nämlich gerade der Schädiger die dem Verletzten zukommende Rechtsposition in Anspruch genommen haben muß, gibt jedoch *Loewenheim:* Nur deshalb, so meint er, sei es gerechtfertigt, daß der Wert der fraglichen Rechtsposition gerade deren rechtmäßigem Inhaber, dem Verletzten zugewiesen werde[26]. Vom Schadensrecht her ist dieses Argument indessen nicht überzeugend: Wem sonst, so ist man versucht zu fragen, soll der als Schadensersatz anzusehende Geldbetrag zugewiesen werden, als demjenigen, der den Schaden erlitten hat, in dessen Rechtssphäre eingegriffen wurde?

Der Schadensberechnung im Wege der Veranschlagung eines angemessenen Preises für das Erlittene, einer Entschädigung, die aus der „Betroffenheit" des Geschädigten heraus also dessen durch das Schadensereignis bewirkte Einbuße feststellt, wie sie bei Eingriffen in Immaterialgüterrechte gewohnheitsrechtlich anerkannt ist, stehen mithin dann keine grundsätzlichen Bedenken entgegen, wenn der Ausgleichsfunktion des Schadensersatzes bei dem durch Hinzufügung der entgangenen Lizenzgebühr gewandelten Verständnis vom Begriff des Vermögensschadens gegenüber der Einbeziehung des Sanktionsgedankens Vorrang eingeräumt bleibt. Die Fruchtbarmachung der zu einer schadensrechtlichen Besonderheit geäußerten Gedanken gestattet es, sofern die bereicherungsrechtlichen Elemente auf das spezifisch Schadensrechtliche umgedacht werden, der Blick also vom Schädiger weg auf die Situation des Geschädigten hin gerichtet wird, auch in dem sich nicht mit einem verbliebenen Minus in der Vermögensbilanz niederschlagenden Verlust der Gebrauchsmöglichkeit einer Sache einen hinlänglich bezifferbaren materiellen Schaden sichtbar zu machen. Voraussetzung ist hierfür insbesondere nicht, daß der Schuldner einen Vorteil erlangt hat, denn mit dessen Ausgleich ist das Schadensrecht nicht befaßt.

Nicht anders als dies bei Kraftfahrzeugen ist, vermag auch der Eingriff in das Eigentumsrecht an anderweitigen Sachen einen Anspruch auf Entschädigung in Geld dafür auszulösen, daß infolge des Schadensereignisses die Nutzung der Sache zeitweilig unmöglich oder beeinträchtigt wird. Die Frage, um welchen Preis der Betroffene in der gegebenen Lage sich mit den erlittenen Entbehrungen vernünftigerweise einverstanden erklärt haben würde, was mithin der angemessene Wert des Entgangenen ist, erschließt den Zugang zur Beurteilung der Entschädigungspflicht. Aufgrund der dieser Fragestellung eigenen Subjekts- und Situationsbezogenheit der Schadensermittlung ergibt

---

[25] Anders jedoch auf der Grundlage des Sanktionsgedankens: *Pecher,* AcP 171, 44, 72 f.

[26] *Loewenheim,* ZHR 135, 97, 121 unter Berufung auf ein „Sanktions- und Präventionsprinzip".

sich kein starrer Maßstab des Werts der entgangenen oder beeinträchtigten Gebrauchsmöglichkeit; anhand des Einzelfalls ist vielmehr jeweils zu ermitteln, ob und in welchem Ausmaß der Geschädigte betroffen ist durch die in Frage stehende Einbuße, woraus sich „Vermögensschäden" unterschiedlichen Ausmaßes ergeben können, namentlich dann, wenn die Sachnutzung lediglich während eines kurzen Zeitabschnitts erfolgt. Der Entzug seiner Segelyacht beispielsweise mag für den Eigentümer unter diesem Blickwinkel in bezug auf die Entschädigungspflicht völlig unerheblich sein, wenn die Zeit der Gebrauchsentbehrung in die Wintermonate fällt, in denen das Boot von ihm nicht genutzt worden wäre. Ihn berührt es jedoch nachteilig, wenn die Sache auch zur Durchführung der vorgesehenen Wochenendausflüge nicht verfügbar ist. Den größten Schaden schließlich erleidet der Eigentümer dann, wenn selbst der geplante mehrwöchige Erholungsurlaub auf der Yacht ausfallen muß; während dieser Zeit nämlich war die Möglichkeit, das Boot benutzen zu können, für den Betroffenen von besonderem Wert, er hätte sich für die diesen Zeitabschnitt betreffende Entbehrung „einiges zahlen lassen", den Preis für ein in seinem Wertempfinden vollwertiges Äquivalent[27]. Nichts anderes gilt für sonstige Sachen mit nur zeitweiligem, saisonalem Gebrauchswert für den Eigentümer, wie Ferienwohnung, Campingausrüstung, Skiausstattung usw.

Ebenso verhält es sich mit der Beurteilung von Gebrauchsverhinderung oder -beeinträchtigung in anderen Fällen: Unter Berücksichtigung der individuellen Verhältnisse bei dem Betroffenen ist das vernünftig und angemessen erscheinende Entgelt für die hingenommene Entbehrung als Entschädigung zuzubilligen, wobei als Leitlinien die zeitanteiligen fehlgeschlagenen Aufwendungen, auf die der Frustrierungsgedanke maßgeblich abstellt[28], und der Preis für die — wenn auch unterbliebene — Beschaffung gleichwertigen Ersatzes, was auf die von *Zeuner* vorgeschlagene Bedarfstheorie[29] hinausläuft, heranzuziehen sind. Zu berücksichtigen bleibt hierbei jedoch stets, daß für das Ausmaß des Schadens und damit auch für die Höhe des Entschädigungsbetrags letztlich maßgeblich bleibt, wie „betroffen" der Gläubiger ist[30].

---

[27] Im Ergebnis wäre auf dieser Grundlage der Entscheidung des Landgerichts Kiel, SchlHA 1973, 33, das den Entschädigungsbetrag anhand des Mietpreises für eine 4-Zimmer-Ferienwohnung ermittelte, in einem solchen Fall zuzustimmen; die „Kommerzialisierungs"-Lehre tut sich schwer bei der Beurteilung der Frage, ob der entgangene Genuß im Sinne der Verkehrsauffassung Vermögenswert hat, wovon die gegensätzliche Entscheidung des Kammergerichts, MDR 1972, 778 Zeugnis ablegt.
[28] Vgl. oben, 1. Teil, B. III. 1.
[29] Vgl. oben, 1. Teil, B. IV.
[30] Die Kritik *Pechers* am „Seereise"-Urteil (AcP 171, 44, 46 Fußn. 8), der meint, an die Sache als geschütztes Rechtsgut des haftungsbegründenden Tatbestands könne auch nur ein sachbezogener und damit entpersönlichter Wertmaßstab angelegt werden, ist auf dieser Grundlage nicht gerechtfertigt.

Hat man sich einmal in den wie vorgezeichnet definierten und mit Richtwerten ausgestatteten Bereich einer Schadensschätzung begeben, so bereitet auch die Lösung jener Fälle keine weiteren Schwierigkeiten, deren Besonderheit darin liegt, daß die Nutzung nicht vollends unmöglich, sondern lediglich beeinträchtigt war. In den zu diesem Komplex ergangenen Urteilen, die nahezu ausnahmslos Hausgrundstücke betreffen[31], hat der Bundesgerichtshof ohnehin den hier vorgeschlagenen Lösungsweg beschritten[32].

Bei der im Bisherigen betonten Subjekt- und Situationsbezogenheit der Ermittlung der als Schaden angesehenen Gegenleistung für die erlittene Entbehrung ist allerdings eine gewissermaßen generalisierend-objektivierende Korrektur anzubringen, mit der die Abgeltung der ausschließlich in der Person des Betroffenen begründeten überzogenen Schadensempfindungen ausgeschlossen wird. So könnte beispielsweise nicht darauf Rücksicht genommen werden, daß der Gebrauch des eigenen Kraftwagens sich gerade deshalb einer besonderen Wertschätzung bei seinem Eigentümer erfreut, weil er damit die Erinnerung an einzigartige Erlebnisse verbindet. Dieses Absehen von — man möchte sagen — höchstpersönlichen Wertschätzungen ist im übrigen im Schadensrecht bei aller Schwierigkeit der Abgrenzung im Einzelfall der Sache nach anerkannt: Das Affektionsinteresse bleibt bei der Bemessung der Geldentschädigung unberücksichtigt[33]. Exakter formuliert heißt es also, daß die Entschädigung in der Weise ermittelt wird, daß man fragt, wieviel dem Betroffenen das infolge des Schadensfalls Entbehrte vernünftigerweise, unter Absehen von persönlichen Eigenheiten „wert" gewesen ist, inwieweit er mithin, ohne töricht zu erscheinen, den Verlust als durch Geldersatz ausgleichsfähig ansehen durfte. Diese auf die Verhältnisse bei dem Geschädigten bezogene Betrachtungsweise, die allein den „pathologischen Fällen" eines überzogenen Persönlichkeitskults die Anerkennung verweigert, für die jedoch ausschlaggebend die Lage der subjektiven Person, ihr individuelles „Betroffen-Sein" bleibt, vermeidet die Wertungswidersprüche, in die die Rechtsprechung sich mit der Betonung dem objektiven Schadensbegriff entlehnter Gesichtspunkte einerseits, mit dem Festhalten an der Subjektbezogenheit andererseits verstrickt. Deutliches Beispiel einer derart unberechtigt hohen Schadensempfindung ist der „Jagdtrophäen"-Fall, in dem der Betroffene die Beschädigung des von ihm erbeuteten Geweihs nur in

---

[31] Dies sind: OLG Colmar, Soergel Rspr. 1907 Nr. 1 zu § 253 BGB; RG, Warn Rspr. 1908 Nr. 58; BGH, NJW 1963, 2020 sowie 1967, 1803; OLG Düsseldorf, NJW 1973, 659; OLG Oldenburg, VersR 1969, 527 (Jagd).

[32] Siehe oben, 2. Teil, B.

[33] Vgl.: *Deutsch*, Gutachten, S. E 45; *Endemann*, S. 727; *Esser*, SchuldR AT, S. 278; *Fikentscher*, S. 294; *Palandt / Heinrichs*, Vorbem. 2 e) vor § 249; *Larenz*, SchuldR I, 11. Aufl., S. 387; *Medicus*, Bürgerliches Recht, 7. Aufl. Rdnr. 822.

B. Grundlegung (Inhalt der Ersatzpflicht) 111

der Weise für reparabel hält, daß ihm auf Kosten des Schädigers die Möglichkeit eröffnet wird, den gesamten Jagdurlaub zu wiederholen[34].

Es ist andererseits aber auch möglich, daß aufgrund besonderer Umstände bei dem Geschädigten der Wert des fahrbereiten Automobils die — trotz weitestgehender Berücksichtigung des individuellen Schadensfalls aus Gründen der Praktikabilität dennoch „pauschalierten" — Richtwerte übersteigen wird. In einzelnen Fällen mag der Betroffene auch gegen Zahlung der nach diesen Richtsätzen bemessenen Geldbeträge nicht bereit gewesen sein, freiwillig die erlittene Entbehrung der Fahrzeugnutzung hinzunehmen. Zu denken ist hierbei an einen körperbehinderten Kraftfahrer, der sich ein auf seine Bedürfnisse zugeschnittenes Ersatzfahrzeug nicht zu beschaffen vermag, weil Wagen mit der benötigten Zusatzausrüstung nicht vermietet werden[35], oder auch an jene Geschädigte, die von dem Ausfall ihres Automobils so betroffen wurden, daß ihre Urlaubsreise nicht in der vorgesehenen Weise durchgeführt werden konnte; ein solcher Sachverhalt liegt einer Reihe von Entscheidungen zugrunde, die die Problematik der Entschädigungspflicht unter dem Gesichtspunkt des Ersatzes für entgangene Urlaubsfreude aufrollten[36]. Treffender scheint es mir zu sein, von dem unmittelbar durch das Schadensereignis Beeinträchtigten selbst auszugehen, den Nutzungsausfall des Kraftwagens also zum Gegenstand der Ausgleichspflicht zu wählen und sodann in die Betrachtung den Umstand einzubeziehen, daß das verlorene Potential gerade deshalb in der gegebenen Situation für den Gläubiger von besonderem Wert war, weil bei der Urlaubsreise die durch die Verfügbarkeit über einen eigenen Kraftwagen gewährleistete Mobilität und Unabhängigkeit von öffentlichen Verkehrsmitteln in sonst nicht erreichtem Ausmaß zum Tragen kommen sollte. Auf diese Weise mag sich ergeben, daß das Eingebüßte für den Betroffenen von größerem Wert war, als die für den Regelfall hier akzeptierten Richtsätze der Praxis. Mehr als die fiktiven Mietwagenkosten abzüglich ersparter Ausgaben für das eigene Fahrzeug wird man als Entschädigung nicht zubilligen können, weil der Gläubiger gemäß § 254 BGB gehalten ist, seinen Schaden so gering wie möglich zu halten[37], er bei tatsächlicher Inanspruchnahme eines Ersatz-

---

[34] Vgl.: OLG Köln, OLGZ 1973, 7; die Verbindung dieser Entscheidung mit der Unbeachtlichkeit des Affektionsinteresses stellen auch *Esser / Schmidt*, S. 123 f. her.

[35] Dies steht im Einklang mit der Auffassung des OLG Stuttgart, VersR 1967, 1207, 1208, das dem Betroffenen die Kosten für einen Wagen mit Fahrer zuzusprechen neigte, daran jedoch aufgrund von § 308 Abs. 1 Satz 1 ZPO gehindert war.

[36] BGHZ 60, 214; OLG Bremen, VersR 1969, 929; KG, NJW 1972, 769; OLG München, VersR 1975, 62; LG Hamburg, VersR 1968, 1197; LG Freiburg, NJW 1972, 1719; LG Stade, VersR 1974, 349; AG Ingolstadt, BB 1964, 1062.

fahrzeugs den Ausfall, den es zu ersetzen gilt, aber vollends kompensiert hätte.

In den Fällen der Schadensersatzverpflichtung wegen des Ausfalls der eigenen Arbeitsleistung des Gläubigers bereitet die Feststellung des zu ersetzenden Vermögensschadens in zwei Fällen Schwierigkeiten: Der erste Fall betrifft den geschädigten Arbeitnehmer, dessen aufgrund der synallagmatischen Verknüpfung von Leistung und Gegenleistung zu erwartender Verdienstausfall durch das „Einspringen" eines Dritten verhindert wird. Den Schaden mag man hier auf dem Wege der Nichtberücksichtigung dieser Drittleistung (versagte Vorteilsanrechnung)[38] oder auf dem der Schadensliquidation im Drittinteresse[39] ermitteln. Eines besonderen „normativen" Schadensbegriffs bedarf es zur Verdeutlichung der Vermögenseinbuße jedoch nicht. Der zweite problematische Fall besteht dann, wenn der Zuordnung des zeitweiligen Ausfalls der Arbeitsleistung zu einem konkreten Geldbetrag, der als entgangener Verdienst die vermögensmäßige Folge des Schadensereignisses zum Ausdruck bringt, Grenzen gesetzt sind. Dies kann darauf beruhen, daß mit der ausgefallenen Tätigkeit als solcher kein Verdienst erzielt wurde (Hausfrauentätigkeit), oder auch darauf, daß nur unzureichende Anhaltspunkte gegeben sind, an denen sich der durch den Ausfall der Arbeitsleistung bedingte Verlust ablesen ließe, weil die Gewinnstruktur kompliziert und der Verdienst schwankend sind wie im Falle des Gesellschafters mit reiner Gewinnbeteiligung[40] oder des Inhabers eines chemischen Unternehmens, der die Forschungsarbeiten selbst ausführt[41]. Der Umstand, daß die erbrachte Tätigkeit sinnvoll ist und auf sie letztlich ohne massive Einbußen in der Lebensgestaltung oder im Verdienst nicht verzichtet werden kann, erlaubt den Schluß, daß dem Betroffenen verständlicherweise daran gelegen sein wird, seine Arbeit wie bisher verrichten zu können oder sie zumindest durch eine vollwertige Ersatzkraft wahrgenommen zu wissen. Aufgrund dieses Gedankens erscheint es als gerechtfertigt, in diesen Fällen die durch Beschäftigung einer Ersatzkraft entstandenen Unkosten als Schadensersatz zuzusprechen unabhängig davon, ob der Ausfall tatsächlich auf diesem Wege oder durch Mehrarbeit des Geschädigten oder Dritter ausgeglichen worden ist[42]. Es stellt sich hierbei nicht die Frage, ob der Fortfall der Erwerbs-

---

[37] *Venzmer*, NJW 1963, 749, 750; vgl. dazu auch: *Kötz*, S. 213 f. mit Beispielen aus der Rechtsprechung.
[38] So: *Baur*, Festschrift Raiser, S. 119, 133; *Keuk*, S. 39; *Knobbe-Keuk*, VersR 1976, 401, 402.
[39] So: *Kollhosser*, AcP 166, 277, 306 ff.; *Mertens*, Der Begriff, S. 192 mit Fußn. 95.
[40] Vgl.: BGH, FamRZ 1965, 40; siehe oben, 3. Teil, D. I.
[41] Vgl.: BGHZ 54, 45; siehe oben, 3. Teil, D. I.
[42] Im Ergebnis ebenso: *Becker*, MDR 1976, 620, 625; ähnlich auch *Hagen*,

und Arbeitsfähigkeit als solcher einen Vermögensschaden bedeutet; der entscheidende Gesichtspunkt ist vielmehr, daß die konkrete ansonsten ausgeübte nutzbringende Tätigkeit des Geschädigten infolge des vom Schädiger zu verantwortenden Ereignisses ausfiel, womit jener sich nur einverstanden erklärt hätte, wenn Ersatz gestellt worden wäre.

IV. Die Grenzen der Anwendbarkeit dieser Schadensberechnungsart

Die Handhabung dieser Schadensberechnung, die es dem Betroffenen ermöglicht, seinen Vermögensschaden in dem vernünftigen Wert zu sehen, mit dem das Eingebüßte zu veranschlagen ist, stößt an Grenzen, die sich teils aus der zum Ausgangspunkt gewählten Judikatur, teils aber auch aus allgemeinen schadensrechtlichen Überlegungen ergeben. Im Hinblick auf die in § 253 BGB ausgesprochene Beschränkung der Entschädigung in Geld versteht es sich von selbst, daß es der Gläubiger nicht in der Hand haben kann, alle durch das Schadensereignis bedingten Entbehrungen aufzuspüren, sie in Beziehung zu einem angemessenen Geldbetrag zu setzen und ihnen damit den Charakter eines Vermögensschadens zu verleihen.

1. Die Objektbezogenheit des Eingriffs

Die erste Grenze, die der Zubilligung einer Geldentschädigung in Höhe des veranschlagten vernünftigen, der individuellen Situation des Betroffenen Rechnung tragenden Wertes des Entbehrten gesetzt ist, besteht darin, daß das die Ersatzpflicht auslösende Ereignis das beeinträchtigte Gut selbst oder zumindest ein mit diesem in engem Funktionszusammenhang stehendes „Etwas" des Geschädigten ergriffen haben muß. Nicht hingegen können die als bloße Ausstrahlungen der in einem anderen Bereich erfolgten Schadensfälle sich darstellenden negativen Sekundärwirkungen bei dem Schadensersatzgläubiger auf diesem Wege in die Geldentschädigungspflicht einbezogen werden. Dieses Erfordernis einer — objektiv betrachteten — Zielrichtung des Angriffs auf die hinsichtlich des Ausgleichs in Rede stehende Sphäre des Geschädigten ist in dem Sinne zu verstehen, daß das Schadensereignis dasjenige „trifft", dessen Vermögenswert zu ersetzen ist; erschöpft sich der Schadensfall hingegen in der negativen Einwirkung auf einen Bereich, als dessen Teilaspekt sich das Entbehrte nicht begreifen läßt, weil ein innerer Funktionszusammenhang beider fehlt, so ist für eine Geldentschädigung aufgrund der angeführten Berechnungsart wegen dieser lediglich als Folgewirkung, als Reflex erscheinenden Einbuße kein Raum.

JuS 1969, 61, 68 f., der bei der Bemessung des Nutzungswerts der Arbeitskraft auf die konkreten Umstände des Falls abstellt.

Auf dieser Grundlage gelangt man z. B. auch zu dem Ergebnis des Bundesgerichtshofs im „Seereise"-Fall[43]: Aufgrund der besonderen Situation wurden der Kläger und seine Ehefrau durch die auf das Verschulden eines Zollbeamten zurückzuführende Vorenthaltung ihrer Urlaubsgarderobe, die unter anderen Umständen entschädigungsrechtlich hätte unerheblich bleiben können, in besonders eindrucksvoller Weise betroffen, da sie nunmehr gezwungen waren, ihren Urlaub allein mit den bei Reiseantritt getragenen Kleidungsstücken zu verbringen. Die hingenommene Entbehrung des Gebrauchs der Kleidungsstücke äußerte sich unter den Gegebenheiten dieser speziellen Sachlage in einer für die Betroffenen besonders nachteiligen Weise, weil ihnen zum einen das Auffüllen der durch das schuldhafte Verhalten des Zollbeamten in die Reisegarderobe gerissenen Lücke durch den Gebrauch anderer, ansonsten im Schrank gebliebener Kleider unmöglich war[44], zum anderen aber auch deshalb, weil durch das zum Ersatz verpflichtende Ereignis zugleich der Wert der bezahlten Urlaubsreise für den Kläger und seine Ehefrau geschmälert war, sie mithin das berechtigte Empfinden gehabt haben werden, ihrem tatsächlichen Verlauf nach sei die Kreuzfahrt wegen der hingenommenen Entbehrung den dafür getätigten finanziellen Aufwand nicht wert gewesen[45]. Verständlicherweise wären die Eheleute nicht bereit gewesen, für diese Seereise, wie sie sich infolge des Schadensereignisses gestaltete, den gleichen Preis zu zahlen, wie für die erwartete Kreuzfahrt. Bei diesem Gedankengang ist es auch gerechtfertigt, daß der Schaden des Ehemanns mit DM 100,—, der seiner Ehefrau hingegen mit DM 200,— veranschlagt wurde, denn es ist plausibel anzunehmen, daß es für diese von größerem Wert war, während des Aufenthalts an Bord über eine reichliche Garderobe zu verfügen, während für den Ehemann, der — unbeeinträchtigte — Erlebniswert der Ferienreise im Vordergrund gestanden haben mag gegenüber der Teilnahme an den gesellschaftlichen Veranstaltungen. Bezugsobjekt der Schadensermittlung — und damit des Entschädigungsbetrags — ist bei diesem Lösungsansatz das vorenthaltene Reisegepäck[46], lediglich bei der Feststellung der Schadenshöhe, des Werts des Entbehrten für die Geschädigten nämlich, findet die Tatsache Berücksichtigung, daß die Vorenthaltung der Kleidungsstücke auch die gebuchte Urlaubsreise in Mitleidenschaft zog. Es wird also — entgegen der vom Bundesgerichtshof erlassenen Entscheidung — als in Geld zu

---

[43] BGH, NJW 1956, 1234.
[44] Daraus mag sich ergeben, daß man in aller Regel auf den Gebrauch einzelner Kleidungsstücke wird verzichten können, ohne sich geschädigt zu fühlen.
[45] Diesen Gesichtspunkt betont auch der Bundesgerichtshof, vgl.: BGH, NJW 1956, 1234, 1235; BGHZ 60, 214, 216; BGHZ 63, 98, 101.
[46] Ebenso: *Nörr*, AcP 158, 1, 8 mit Fußn. 38.

entschädigender Vermögensschaden nicht die im Wert geminderte Kreuzfahrt begriffen, sondern der unmittelbar durch das Schadensereignis bedingte Entzug der Kleidungsstücke.

Diese Einschränkung erklärt sich daraus, daß bei der hier vorgetragenen Schadensberechnung ein vertragliches Einverständnis des Geschädigten zugrunde gelegt wird, welches gerade den Eingriff abdecken, nicht aber umfassend eine pauschale Abgeltung sämtlicher Abweichungen in der Lebensgestaltung beinhalten soll. Sie findet ihre Rechtfertigung zudem auch in der Systematik des Rechtsgüterschutzes nach dem Bürgerlichen Gesetzbuch, und zwar in zweifacher Hinsicht: Würden bei Verletzung von Rechtsgut A auch alle sich bei Rechtsgut B niederschlagenden Nachteile grundsätzlich in Geld zu entschädigen sein, so wäre damit unter der Hand aus den auf bestimmte Verletzungstatbestände zugeschnittenen Rechtsnormen ein allgemeiner Vermögensschutzparagraph geworden[47]; die Struktur der gesetzlichen Vorschriften, in denen die Schadensersatzverpflichtung angeordnet wird, verbietet es also, den ausgesparten Bereich durch weitherzige Ausgestaltung der Schadensersatzverpflichtung dennoch „hereinzuholen". Zudem beweist ein Blick auf § 847 BGB, daß die markierte Grenze nicht überschritten werden darf: Bei Verletzung einer Person nämlich, und dies sind die hauptsächlichen Fälle, in denen die getroffene Unterscheidung bedeutsam wird, sind die von dem Geschädigten hingenommenen Entbehrungen durch das Gesetz eindeutig dem Bereich des immateriellen Schadens zugeschlagen worden; jene Einbuße an Lebensfreude, die sich aus einer Körperverletzung oder Freiheitsberaubung ergibt, der aufgezwungene Verzicht auf den Gebrauch der Wohnung einschließlich ihrer Einrichtung sowie des Kraftfahrzeugs beispielsweise, das Wegfallen liebgewordener Freizeitbeschäftigungen und Urlaubsgewohnheiten, könnte nur contra legem § 847 BGB zum Vermögensschaden gezählt werden, sie ist bei der Bemessung des Schmerzensgeldes zu berücksichtigen.

Beruht der den Geschädigten betreffende Gebrauchsausfall seines Kraftwagens somit nicht auf einer negativen Einwirkung auf das Fahrzeug selbst, sondern auf einem in der Person des Berechtigten begründeten Hindernis (Entziehung der Fahrerlaubnis oder anderweitige Fahruntüchtigkeit aus persönlichen Gründen), so ist eine Entschädigung in Geld in Höhe des Wertes der entbehrten Nutzungsmöglichkeit nicht zu gewähren, da damit die Grenzen der Anwendbarkeit dieses Schadensverständnisses überschritten würden. Der den Gläubiger treffende Ausfall ist deshalb nicht vollends bedeutungslos für die Schadensersatzverpflichtung; gründet sich darauf eine nachhaltige Einbuße an Lebens-

---

[47] Ebenso: *Diederichsen*, Festschrift Klingmüller, S. 65, 84.

freude, so ist dies bei dem eventuell gegebenen Schmerzensgeldanspruch zu berücksichtigen.

2. Der Ausschluß dieser Schadensberechnung bei vertraglichen Ansprüchen

Daneben besteht noch eine zweite Grenze des Anwendungsbereichs der dargestellten Schadensberechnung. Sie ergibt sich sowohl aus der zum Ausgangspunkt gewählten Rechtsprechung, als auch aus der Systematik des Bürgerlichen Gesetzbuches. Die Zubilligung einer angemessenen Lizenzgebühr als Entschädigung kommt nämlich nur bei den Schadensersatzansprüchen in Betracht, die aus einem rechtswidrigen Eingriff des Schuldners in absolute Rechte des Gläubigers sich ergeben. Auch der Bundesgerichtshof, soweit er den hier aufgezeigten Weg bei der Gebrauchsbeeinträchtigung von Sachen beschritten hat, betonte, „bei Verletzung ausschließlicher Rechte" sei eine „Schadensberechnung auf hypothetischer Grundlage möglich"[48].

a) Die Rechtsnatur absoluter Rechte

Charakteristisch für die Rechtsnatur dieser absoluten Rechte ist, daß sie dem Inhaber ihrem Inhalt nach umfassend mit allen von ihnen gewährleisteten Teilaspekten zugeordnet sind, so daß ein Angriff auf diese Rechte oftmals über den vermögensmäßig konkret faßbaren Substanzschaden an dem Vollrecht hinaus weitere darin enthaltene Potentiale, wie z. B. die Gebrauchsmöglichkeit, ergreift. Der dadurch bedingte Verlust entzieht sich jedoch der Erfassung in einer Vermögensbilanz, weil dem Betroffenen ein exakter Schadensnachweis unmöglich oder unzumutbar ist, oder weil das Entbehrte von vornherein nicht als Mittel zur Gewinnerzielung, sondern zur Befriedigung ideeller Bedürfnisse bestimmt war. Wird aber durch das Schadensereignis die von dem Inhaber vorgenommene und vielleicht auch bereits realisierte Zweckbestimmung seines Vermögensbestandteils vereitelt, indem beispielsweise seine für die Urlaubsgestaltung bereitgehaltene Segelyacht entwendet[49] oder beschädigt wird, so daß durch den Angriff auf das Vollrecht Eigentum die in ihm enthaltene Möglichkeit der Dienstbarmachung des Bootes als Transportmittel und Unterkunft im Rahmen einer Ferienreise zeitweilig entfällt, so mag die Frage, welchen Wert das Eingebüßte für den Geschädigten hat und um welchen Preis er vernünftigerweise sein Einverständnis mit diesen Folgen des Schadensfalls erklärt haben dürfte, berechtigt erscheinen und für die Ausgestaltung der Schadensersatzpflicht einen fruchtbaren Ansatzpunkt beinhalten.

---

[48] BGH, NJW 1963, 2020, 2021; BGH, NJW 1967, 1803, 1804.
[49] Vgl.: LG Kiel, SchlHA 1973, 33.

b) Der Inhalt schuldrechtlicher Ansprüche auf ordnungsgemäße Abwicklung einer bestehenden Sonderverbindung

Ganz anders hingegen ist es um jene Schadensersatzansprüche bestellt, die sich daraus ergeben, daß der Verantwortliche der berechtigten schuldrechtlichen Empfangserwartung des Gläubigers nicht entsprochen hat, also um Verzugs- oder Gewährleistungsansprüche, die auf Schadensersatz gerichtet sind. Hier wird nicht die bereits real gegebene Möglichkeit der Zweckbestimmung eines Vollrechts durch das zum Ersatz verpflichtende Ereignis zunichte gemacht, dieses reißt mit anderen Worten keine Lücke in die vorhandene Rechtsgütersphäre des Ersatzberechtigten, sondern es liegt eine schlichte Vertragsverletzung vor, weil die Leistung verspätet (Verzug) oder fehlerbehaftet (Gewährleistung für Sach- und Rechtsmängel) erbracht wurde oder überhaupt nicht erbracht werden kann (Unmöglichkeit). Der Betroffene wird in diesen Fällen nicht in der Absolutheit, dem umfassenden Zu-eigenhaben gegenüber jedermann, seines Rechts berührt, sondern die Verletzung seines relativen Forderungsrechts, die vom Recht mißbilligte Entwicklung der Sonderverbindung zwischen den fraglichen Personen ist dasjenige, was die Schadensersatzpflicht begründet. Hierbei ist jedoch das Interesse des Ersatzberechtigten von vornherein in die Zukunft projiziert, das umfassende Innehaben des Erwarteten und die damit gegebene Möglichkeit beliebiger Nutzung und Verfügung ist so lange noch „Plan" und bloßes Vorhaben, als das Forderungsrecht noch unbefriedigt geblieben ist. Die Möglichkeit der Dienstbarmachung des in Frage stehenden Potentials für materielle oder auch ideelle Interessen des Gläubigers ist daher noch nicht Realität, sondern etwas von Rechts wegen erst noch Herzustellendes, belastet mit der Ungewißheit ordnungsgemäßer Forderungserfüllung seitens des Verpflichteten, sie ist noch nicht reales „Haben", sondern nur berechtigte Erwartung.

Aufgrund dieser Erwägungen ist auch dem Ergebnis der „Pelzmantel"-Entscheidung des Bundesgerichtshofs[50] zuzustimmen. Die Geldentschädigung war allerdings nicht deshalb zu versagen, weil die entgangene Gebrauchsmöglichkeit des Ottermantels nicht „kommerzialisiert" ist, denn darüber wird man streiten können[51]; wesentlicher indessen ist nämlich der auch sogleich augenfällige Unterschied hinsichtlich des Erwartungsinteresses des Schadensersatz beanspruchenden Rechtssubjekts bei Verletzung seines fahrbereiten Kraftfahrzeugs einerseits und bei schlichter nicht ordnungsgemäßer Erfüllung (§ 463 BGB) der nach dem Kaufvertrag geschuldeten Verpflichtung des Verkäufers andererseits. Die Erwägung erscheint nämlich berechtigt, daß für den Inhalt

---

[50] BGHZ 63, 393.
[51] Vgl. oben, 1. Teil, B. V. 2. sowie 2. Teil, A. III.

des für den Schadensersatz maßgeblichen Gläubigerinteresses nicht zuletzt auch zu berücksichtigen ist, inwieweit die Rechtsposition in bezug auf die entbehrte Nutzungsmöglichkeit bereits real vorhanden, gesichert und verfestigt oder aber lediglich berechtigte Erwartung ist. Zwar läßt sich auch hier die Frage stellen, um welchen Preis der Betroffene sich mit der gegenüber dem vertraglichen Soll für ihn nachteiligen Leistung seines Vertragspartners einverstanden erklärt hätte, doch kommt zu der dargestellten unterschiedlichen Lage auf der Seite des Gläubigers ein zweiter Gesichtspunkt hinzu, der eine solche Schadensberechnung verbietet.

c) Die Verwirklichung des Gläubigerinteresses am Leistungserfolg im Rahmen der vertraglichen Sonderbeziehung

Im Rahmen vertraglicher Ansprüche eröffnet das Gesetz selbst dem Anspruchsinhaber nämlich auf vielerlei Art die Möglichkeit, sein Interesse am rechtmäßigen Erfolg durchzusetzen oder sich schadlos zu halten. So wird er bei mangelbehafteten Leistungen aufgrund des Rechts auf Minderung bereits für seine Einbuße „entschädigt"[52], indem die von ihm zu erbringende Gegenleistung gekürzt wird, und zwar unabhängig davon, was er mit der erhofften ordnungsgemäßen Leistung anzustellen gedachte. Weiterhin hat er es in der Hand, sich von dem Rechtsgeschäft insgesamt loszusagen, indem er Wandelung begehrt[53], zurücktritt[54] oder kündigt[55]. Es zeigt sich also, daß der Gesetzgeber die schuldrechtliche Leistungserwartung des Gläubigers mittels eines geschlossenen, in sich differenzierten Systems von diesem an die Hand gegebenen Reaktionen zu schützen trachtet, so daß es sich verbietet und auch erübrigt, durch Zulassung einer weiteren Entschädigungsart den im Gesetz gesteckten Rahmen zu sprengen. Die infolge der nicht ordnungsgemäß erbrachten Gegenleistung ganz oder teilweise ihren Zweck verfehlende Investition des Betroffenen, die „frustrierten Aufwendungen" oder den „Kaufpreis für den kommerzialisierten Genuß" berücksichtigen die gesetzlichen Regelungen hinreichend durch Einräumung der Befugnis zu Minderung, Wandelung oder Rücktritt. Dem Deliktsrecht hingegen ermangelt es an vergleichbaren Reaktionen auf die von Rechts wegen zu unterbleibende Entbehrung, es kennt lediglich die Schadensersatzverpflichtung des Verletzers, bei der infolge des traditionellen Schadensbegriffs der Interessenlehre die Entbehrung konsumtiver Güter wegen § 253 BGB oftmals

---

[52] Vgl.: §§ 459, 462 (Kauf), § 537 (Miete, Pacht), § 634 (Werkvertrag).
[53] Vgl.: §§ 459, 462 (Kauf), § 634 (Werkvertrag).
[54] Vgl.: §§ 325, 326 (bei gegenseitigen Verträgen in den Fällen von Verzug und Unmöglichkeit).
[55] Vgl.: §§ 542 - 544, 553 - 554 a, 595, 596 (Miete und Pacht), § 609 (Darlehen), §§ 621 - 627 (Dienstvertrag), §§ 643, 649 (Werkvertrag), § 671 (Auftrag), §§ 723, 724 (Gesellschaft).

B. Grundlegung (Grenzen der Anwendbarkeit)

von einer Geldentschädigung ausgeschlossen ist. Das Interesse des Geschädigten an der Dienstbarmachung seiner Güter für nicht vermögensproduktive Zwecke verwirklicht das Gesetz hierbei also nur unvollkommen, derweil es bei gegenseitigen Verträgen diesem sich in der Gegenforderung sinnfällig ausdrückenden vermögensmäßigen Erwartungsinteresse die Anerkennung nicht versagt.

Ein weiterer Gesichtspunkt kommt hinzu: Wenn dem Betroffenen das gänzliche oder teilweise Freiwerden von der von ihm zu erbringenden Gegenleistung aufgrund der ihm gebotenen Möglichkeiten des Rücktritts, der Kündigung, Wandelung oder Minderung als nicht hinreichend erscheint, sein Interesse am vereinbarungsgemäßen Leistungserfolg zum Ausdruck zu bringen, so hat er es im Rahmen der Privatautonomie in der Hand, sich zusätzlich durch die Vereinbarung einer Vertragsstrafe abzusichern. Von der Interessenlage her mag ein solcher Fall nur unzureichender Kompensation durch die Ersparnis der Gegenleistung beispielsweise gegeben sein, wenn infolge mangelbehafteter Leistung eines Reiseveranstalters der gesamte Erholungsurlaub, dem der Geschädigte mit großer Erwartung entgegengesehen hat, vertan ist[56]. Zuzustimmen ist daher auch den Erwägungen des Bundesgerichtshofes, der dem Gläubiger eine Nutzungsausfallentschädigung wegen verspäteter Herstellung seines Hauses versagt unter Hinweis darauf, daß zur Sicherung des Bauherrn gegen Verzögerungen der Bauarbeiten die Vereinbarung einer Vertragsstrafe in Betracht kommt[57], so daß gegenüber einer verallgemeinernden Gleichstellung von Erhaltungs- (Deliktsrecht) und Erfüllungsinteresse (Schuldvertragsrecht) hinsichtlich der Schadensersatzpflicht Skepsis geboten sei. Im Bereich deliktisch begründeter Schadensersatzpflicht hingegen bestand für den Geschädigten diese Möglichkeit nicht, weil die Person des Schädigers bis zum Eintritt des Schadensereignisses, häufig auch noch über diesen Zeitpunkt hinaus, unbekannt ist, während über die Person der potentiell ersatzpflichtigen Vertragspartei von Anfang an Klarheit besteht.

Bei vertraglichen Ansprüchen ist mithin eine Schadensberechnung anhand der Ermittlung angemessener Lizenzgebühr nicht zuzulassen[58]; hier verbleibt es bei dem Erfordernis des konkreten Nachweises des

---

[56] Die Frage der faktischen Durchsetzbarkeit eines solchen Begehrens nach Vertragsstrafenvereinbarung ist hier nicht zu erörtern, da für das Schadensrecht des BGB die wirtschaftliche Stärke der Beteiligten unerheblich ist. Wenn man rechtspolitisch die Stellung der Kunden von Reiseveranstaltern verbessern will, so obliegt diese Aufgabe dem Gesetzgeber, der mit dem „Entwurf eines Gesetzes über den Reiseveranstaltungsvertrag" einen Schritt in diese Richtung getan hat.
[57] BGH, NJW 1976, 1630.
[58] Anderer Auffassung sind *Neumann-Duesberg*, BB 1965, 729, 731 und *J. Schmidt*, JZ 1974, 73, 78 f.; sie möchten diese Schadensberechnung auch bei Vertragsverletzungen zulassen.

entstandenen Vermögensschadens, der sich negativ in der Bilanz ausdrückt, sofern nicht das Gesetz selbst — wie in den §§ 288 BGB, 376 Abs. 2 HGB — eine abstrakte Schadensberechnung zuläßt oder sich — wie in § 252 Satz 2 BGB — mit einem Wahrscheinlichkeitsurteil begnügt[59]. Die Überlegung geht hierbei weniger dahin, ob der Schadensbegriff des Deliktsrechts sich von dem der vertraglichen Anspruchsgrundlagen unterscheidet[60]; die vollzogene Grenzziehung im Anwendungsbereich der dargestellten Schadensberechnungsmethode rechtfertigt sich vielmehr aufgrund der Verschiedenartigkeit der Ausgangslagen auf der Seite des Gläubigers, namentlich im Hinblick auf den Umstand, daß im Rahmen des Vertragsrechts das in Frage stehende Interesse, soweit es durch die Verpflichtung zur Gegenleistung mit einer vermögenswerten Einbuße in Verbindung steht, bereits auf anderem Wege (Wandelung, Rücktritt, Minderung) Anerkennung gefunden hat und von vornherein im Rahmen der Privatautonomie durch die Vereinbarung einer Vertragsstrafe die Möglichkeit totaler oder sogar „überschießender" Schadloshaltung gegeben ist.

Bei vertraglichen Schadensersatzansprüchen ist also — im Gegensatz zu einzelnen Gerichtsentscheidungen[61] — die zeitweilige Entbehrung der Fahrzeugnutzung auf dieser Grundlage nicht zu entschädigen. Bei verspäteter Lieferung seines Wagens beispielsweise ist der Gläubiger nach der Struktur des Verzugsrechts nach dem Bürgerlichen Gesetzbuch darauf verwiesen, entweder den entgangenen Gewinn gemäß § 252 BGB als Vermögensschaden geltend zu machen, oder aber an der seinerseits geschuldeten Gegenleistung anzusetzen und als Reaktion auf das Ausbleiben der Leistung die ihm selbst obliegende Verpflichtung zur Gegenleistung zum Erlöschen zu bringen, indem er gemäß § 326 vom Vertrag zurücktritt. Ebenso verhält es sich mit der Schadensersatzverpflichtung für Arbeitsausfall, soweit sie — dies war in den von den Arbeitsgerichten entschiedenen Fällen gegeben — aus dem Vertragsbruch eines Arbeitnehmers herrührt: Aufgrund der synallagmatischen Rechtsnatur des Arbeitsvertrages trägt hier das Gesetz dem getäuschten Interesse des Arbeitgebers dadurch Rechnung, daß dieser von der Verpflichtung zur Gegenleistung frei wird. Erweist es sich, daß bei dem Gläubiger infolge des Ausbleibens der vertraglich geschuldeten Leistung ein vermögenswertes Minus verblieben ist, sei es, weil er mit der Tätigkeit

---

[59] Im Ergebnis ebenso: *Batsch*, NJW 1975, 1163; noch enger ist die Auffassung von *Schmidt-Salzer*, BB 1970, 55, 63, der eine Nutzungsausfallentschädigung nur bei der Regulierung von Verkehrsunfällen zubilligen möchte, weil er sie aufgrund der Wertung eines extraordinären Sozialsachverhalts für gerechtfertigt erachtet.
[60] Diese Frage wird gemeinhin mit „nein" beantwortet, vgl.: *Tolk*, JZ 1975, 530, 532; OLG Nürnberg, DAR 1969, 300; *Hansen*, VersR 1977, 510, 511.
[61] OLG Saarbrücken, DAR 1965, 299, 300 f.; OLG Nürnberg, DAR 1969, 300.

B. Grundlegung (Grenzen der Anwendbarkeit)

des Arbeitnehmers Gewinn erzielt hätte, der ihm nunmehr entgangen ist, sei es, weil er für das Auffüllen der Lücke mehr hat aufwenden müssen, als er durch das Freiwerden von der Verpflichtung zur Gegenleistung einsparte, so ist dies der Vermögensschaden, den der Arbeitnehmer zu ersetzen hat. Die Urteile einzelner Arbeitsgerichte, die in sich nicht frei von Widersprüchlichkeiten sind, beruhen letztlich auf einer Überzeichnung des als Hilfsmittel zur Sanktionierung und Ahndung vertraglichen Unrechts (miß-)verstandenen „normativen" Schadensbegriffs, von in besonderem Ausmaße auf Wertungen aufbauenden Betrachtungen, die jedoch einer Überprüfung am Grundprinzip des Schadensrechts, an der Ausgleichsfunktion nämlich, nicht standhalten.

Schließlich ergibt sich aus dem bisher Dargelegten auch die Antwort auf die Frage, ob dem Betroffenen wegen aufgezwungen zweckwidrig verbrachter oder insgesamt „vergeudeter" Urlaubs- und anderweitiger Freizeit ein Anspruch auf Entschädigung in Geld zusteht, oder ob § 253 BGB hier eine unüberwindbare Grenze bildet. Wie bereits ausgeführt[62], ist mit dem in die Rechtsprechungslinie nicht ohne weiteres einzufügenden „Rumänienreise"-Urteil des Bundesgerichtshofs ein Weg eingeschlagen worden, der eine unterschiedliche Behandlung hinsichtlich der Entschädigungspflicht von Urlaubs- und anderweitiger Freizeit nicht gestattet.

Die freie Zeit eines Menschen als solche ist als „Personalissimum" jedoch vollends ungeeignet, einen Vermögensschaden allein durch ihr Vertan-Sein herbeizuführen. Sofern in dem fraglichen Zeitabschnitt Geld verdient worden wäre, kann sich aus dem Zeitverlust ein Vermögensschaden bei dem Betroffenen ergeben, denn der Satz „Zeit ist Geld", durch den man sich in seiner einprägsamen Kürze nicht verwirren lassen sollte, ist nur eine Umschreibung der Tatsache, daß man seine Zeit „zu Geld machen" kann, indem man arbeitet. Die Urlaubs- und sonstige Freizeit jedoch, und dies ist das Entscheidende, war dazu bestimmt, gerade ohne Arbeitsleistung verbracht zu werden.

Daraus folgt nicht, daß vertane Freizeit und Urlaubszeit für den Schadensersatz in Geld völlig unerheblich wären: Nach der hier vorgeschlagenen Betrachtungsweise mündet die vertane Freizeit insofern in die Entschädigungsleistung ein, als die entgangene Sachnutzung ggf. deshalb von besonderer schadensrechtlicher Intensität ist, weil die Gebrauchsverhinderung einen Urlaub mehr oder minder „vergeudet" erscheinen läßt. Zu erinnern ist hier nochmals an den beispielhaften „Segelyacht"-Fall, an dem deutlich wird, daß der maßgebliche subjektiv empfundene „Wert" einer Nutzungsmöglichkeit schwanken kann, weil es darauf ankommt, wie sich die konkreten Folgen des Schadensereig-

---
[62] Oben, 3. Teil, A. II. und 3. Teil, C.

nisses in dem gegebenen Zeitraum bei dem Betroffenen ausgewirkt haben.

Weiterhin kann auch bei Personenverletzungen entgangene Urlaubsfreude für die Entschädigung in Geld relevant werden: Führt eine Einwirkung auf die Person des Geschädigten den Umstand herbei, daß dieser nicht auf die vorgesehene Weise seine Freizeit verbringen konnte, so ist diese Beeinträchtigung der Lebensfreude bei der Bemessung des Schmerzensgeldes zu bewerten[63].

Stellt sich hingegen — dies ist die dritte und letzte mögliche Fallkonstellation — die Frage der Geldentschädigungspflicht für vertane Zeit aufgrund vertraglichen Schadensersatzanspruchs, zumeist wird es sich hierbei um Gewährleistungsansprüche gegen Reiseveranstalter handeln[64], so muß der Betroffene „leer ausgehen". In diesen Fällen mag man, sofern im Ergebnis eine Geldentschädigung befürwortet wird[65], den Gesetzgeber bemühen[66], das Schadensrecht aber mit dem Satz „Zeit ist Geld" aus den Angeln zu heben, wäre hingegen ein bedenkliches Unterfangen.

---

[63] In diesem Sinne entschied das Kammergericht, NJW 1972, 769 und das Landgericht Köln, MDR 1966, 758, 759, letzteres für den Urlaub eines Schülers. Den Zweck des Schmerzensgeldes, dem Verletzten die verlorene Lebensfreude wiederzugeben, betonen auch *Pecher*, AcP 171, 44, 68 sowie *Soergel / Zeuner*, § 847 Rdnr. 18.

[64] Vgl. die Urteile: BGHZ 63, 98; OLG Frankfurt, NJW 1967, 1372; KG, OLGZ 1969, 17; OLG Frankfurt, NJW 1973, 470; OLG Köln, NJW 1973, 1083; OLG Düsseldorf, NJW 1974, 150; OLG Köln, NJW 1974, 561; LG München I, MDR 1970, 925 (nicht rechtskräftig).

[65] So: BGHZ 63, 98, 107; *Küppers*, VersR 1976, 604, 608; *Stoll*, JZ 1975, 252, 255; dagegen *Honsell*, JuS 1976, 222, 228.

[66] Ein Schritt in diese Richtung ist getan mit dem „Entwurf eines Gesetzes über den Reiseveranstaltungsvertrag", der in § 18 Abs. 2 auch eine Geldentschädigung für nutzlos aufgewendete Urlaubstage vorsieht.

Zusammenfassung in Thesen

1. Zivilrechtlicher Schadensersatz verfolgt weder die Aufgabe, dem Schädiger Übel zuzufügen, noch soll er eine Garantie der Rechtsordnung für Geltungs- und Integritätsansprüche der Rechte verkörpern. Seine Funktion besteht darin, den durch das Schadensereignis bei dem Betroffenen ausgelösten Fehlbestand aufzufüllen (Ausgleichsfunktion).
2. Der Schadensbegriff des BGB, wie er den §§ 249 ff. zugrunde liegt, ist deshalb notwendig subjektbezogen und situationsbedingt auf die Person des Geschädigten ausgerichtet.
3. Die vom Gesetzgeber in § 253 BGB vorgegebene Grenze der Entschädigungspflicht ist dann überschritten, wenn der Verlust höchstpersönlicher Güter, die die Lebensfreude ausmachen, mit den Sätzen „Zeit ist Geld" oder „Alles hat seinen Preis" als Vermögensschaden anerkannt wird.
4. Der entgangenen Sachnutzung und dem Verlust der eigenen Erwerbsfähigkeit vermag eine auf einer subjektbezogenen Differenzrechnung basierende schadensrechtliche Methode gerecht zu werden, die über das fehlende verbliebene „Minus" bei der Bilanzierung der Gesamtvermögenslagen durch die Veranschlagung des vernünftigen Wertes des Entbehrten für den Betroffenen hinweghilft; im Rahmen vertraglicher Schadensersatzansprüche indessen ist diese Möglichkeit nicht gegeben.

Literaturverzeichnis

Arzt: Zur Bekämpfung der Vermögensdelikte mit zivilrechtlichen Mitteln — der Ladendiebstahl als Beispiel, JuS 1974, 693 ff.

Askenasy: Über den immateriellen Schaden nach dem BGB, Gruch Beitr. 70 (1929), 373 ff.

Batsch: Entscheidungsanmerkung, NJW 1975, 1163.

Baur: Einige Bemerkungen zum Stand des Schadensausgleichsrechts, Festschrift für Ludwig Raiser, 1974, S. 119 ff.

Becker: Zum eigenen Schadensersatzanspruch der verletzten Ehefrau, MDR 1976, 620 ff.

Becker / Quiller: Kraftverkehrs-Haftpflichtschäden. Die Regulierung in der Praxis, 12. Aufl., Karlsruhe 1973.

Beuthien: Pauschalierter Schadensersatz beim Vertragsbruch des Arbeitnehmers, BB 1973, 92 ff.

Blomeyer: Allgemeines Schuldrecht, 4. Aufl., Berlin—Frankfurt 1969.

Böhmer: Immaterieller Schaden ist kein Vermögensschaden, MDR 1964, 453 f.
— Die zivil- und strafrechtliche Rechtsprechung zum Verkehrsrecht, JZ 1975, 169 ff.

Bötticher: Zur Ausrichtung der Sanktion nach dem Schutzzweck der verletzten Privatrechtsnorm, AcP 158 (1959/60), 385 ff.
— Schadensersatz für entgangene Gebrauchsvorteile — ein Rechtsgutachten, VersR 1966, 301 ff.

Breithaupt: Entscheidungsanmerkung, NJW 1953, 97.

Bühnemann: Gedanken zum Alles- oder Nichtsprinzip im deliktischen Haftungsrecht, Festgabe für Hans Möller, 1972, S. 135 ff.

Bydlinski: Probleme der Schadensverursachung nach deutschem und österreichischem Recht, Stuttgart 1964.

von Caemmerer: Bereicherung und unerlaubte Handlung, Festschrift für Ernst Rabel, Band I, 1954, S. 333 ff.
— Das Problem der überholenden Kausalität im Schadensersatzrecht, Karlsruhe 1962.

Canaris: Zivilrechtliche Probleme des Warenhausdiebstahls, NJW 1974, 521 ff.

Coing: Interesseberechnung und unmittelbarer Schaden, SJZ 1950, 866 ff.

Däubler: Anspruch auf Lizenzgebühr und Herausgabe des Verletzergewinns — atypische Formen des Schadensersatzes, JuS 1969, 49 ff.

Detlefsen: Schadensersatz für entgangene Gebrauchsvorteile, Karlsruhe 1969.

Deutsch: Haftungsrecht, 1. Band: Allgemeine Lehren, Köln—Berlin—Bonn—München 1976.
— Empfiehlt es sich, in bestimmten Bereichen der kleinen Eigentums- und Vermögenskriminalität, insbesondere des Ladendiebstahls, die strafrechtlichen Sanktionen durch andere, zum Beispiel zivilrechtliche Sanktionen abzulösen, gegebenenfalls durch welche?, Gutachten E für den 51. DJT, München 1976.

Diederichsen: Argumentationsstrukturen in der Rechtsprechung zum Schadensersatzrecht, Festschrift für Ernst Klingmüller, 1974, S. 65 ff.
— Die Flucht des Gesetzgebers aus der politischen Verantwortung im Zivilrecht, Karlsruhe 1974.

Eichler: Vom Zivilrecht zum Versicherungsrecht, Festgabe für Hans Möller, 1972, S. 177 ff.

Endemann: Lehrbuch des Bürgerlichen Rechts, 1. Band, 8. Aufl., Berlin 1903.

Enneccerus / Lehmann: Recht der Schuldverhältnisse, 15. Aufl., Tübingen 1958.

Erman / Bearbeiter: Handkommentar zum Bürgerlichen Gesetzbuch, 1. Band, 6. Aufl., Münster 1975.

Esser: Schuldrecht, Band I Allgemeiner Teil, 4. Aufl., Karlsruhe 1970.

Esser / Schmidt: Schuldrecht, Band I Allgemeiner Teil, Teilband 2, 5. Aufl., Karlsruhe 1976.

Fenn: Entscheidungsanmerkung, NJW 1975, 684 f.

Fikentscher: Schuldrecht, 6. Aufl., Berlin—New York 1976.

Frössler: Kfz-Nutzungsausfall auch bei unfallbedingter Vereitelung der Nutzungsmöglichkeit, NJW 1972, 1795 f.

Ganßmüller: Entscheidungsanmerkung, NJW 1963, 1446 f.
— Entscheidungsanmerkung, VersR 1965, 257 f.

Geigel: Entscheidungsanmerkung, NJW 1963, 765.

von Gerkan: Ersatz von Mietwagenkosten ohne Mietwagen?, VersR 1964, 1003 f.

Gitter: Entscheidungsanmerkung, JR 1973, 240 f.

Grunsky: Aktuelle Probleme zum Begriff des Vermögensschadens, Bad Homburg v. d. H.—Berlin—Zürich 1968.
— Entscheidungsanmerkung, JZ 1973, 425 ff.
— Entgangene Urlaubszeit als Vermögensschaden, NJW 1975, 609 ff.

Hagen: Fort- oder Fehlentwicklung des Schadensbegriffs? — BGH (GSZ), NJW 1968, 1823, JuS 1969, 61 ff.

Hamann: Methoden und Problematik der Schadensberechnung, München 1972.
— Nutzungsentschädigung trotz Arbeitsunfähigkeit, NJW 1970, 889.

Hansen: Entzug von Gebrauchsvorteilen als Vermögensschaden, VersR 1977, 510 f.

Heldrich: Vergeudung von Freizeit als Vermögensschaden?, NJW 1967, 1737 ff.

Herkner: Entscheidungsanmerkung, VersR 1968, 1057.

Hermann: Der Schadensersatz für die entgangene Nutzung des Kraftfahrzeugs, Diss., Bochum 1974.

Heyse: „Schmerzensgeld" bei Sachbeschädigung?, VersR 1963, 25 f.

von Hippel: Schadensausgleich bei Verkehrsunfällen, Haftungsersetzung durch Versicherungsschutz, Berlin—Tübingen 1968.

Honsell: Die mißlungene Urlaubsreise — BGHZ 63, 98, JuS 1976, 222 ff.

— Herkunft und Kritik der Interessebegriffs im Schadensersatzrecht, JuS 1973, 69 ff.

von Jhering: Ein Rechtsgutachten, betreffend die Gäubahn, JherJahrb. 18 (1880), 1 ff.

Kaduk: Mietwagenkosten ohne Mietwagen, VersR 1963, 1007 f.

Keuk: Vermögensschaden und Interesse, Bonn 1972.

Kickton: Entscheidungsanmerkung, VersR 1964, 507 ff.

Klimke: Erstattungsfähigkeit von Kosten für „Volldeckung" im Falle eines Kfz-Haftpflichtschadens, NJW 1974, 725 ff.

— Entscheidungsanmerkung, VersR 1977, 615 f.

— Ersatz für entgangene Gebrauchsvorteile auch bei Schadensberechnung nach Schätzung?, VersR 1977, 698 ff.

Klunzinger: Schadensersatzansprüche wegen Gebrauchsverlusts bei unentgeltlicher Inanspruchnahme eines billigeren Ersatzwagens, VersR 1970, 881 ff.

Knobbe-Keuk: Möglichkeiten und Grenzen abstrakter Schadensberechnung, VersR 1976, 401 ff.

Kötz: Deliktsrecht, Frankfurt 1976.

Kohler: Zwölf Studien zum Bürgerlichen Gesetzbuch, I. Das Obligationsinteresse, AbR 12 (1897) 1 ff.

Kollhosser: Lohnfortzahlung, Schadensersatz und Regreßinteressen beim Unfall eines Angestellten, AcP 166 (1966), 277 ff.

— Unternehmerlohn, Schadensersatz und Regreßinteressen beim Unfall eines geschäftsführenden Gesellschafters einer Personengesellschaft, ZHR 129 (1967), 121 ff.

Küppers: Zauberformel Frustrationslehre, VersR 1976, 604 ff.

Landwehrmann: Zeit ist Geld? Probleme des Schadensersatzes für Freizeitbeeinträchtigung, Diss. Münster 1971.

— Freizeitbeeinträchtigungen und allgemeines Persönlichkeitsrecht, NJW 1970, 1867 ff.

— Entscheidungsanmerkung, NJW 1972, 1204.

Lange: Zum Problem der überholenden Kausalität, AcP 152 (1952/53), 153 ff.

Larenz: Die Notwendigkeit eines gegliederten Schadensbegriffs, VersR 1963, 1 ff.

— Lehrbuch des Schuldrechts Erster Band Allgemeiner Teil, 10. Aufl., München 1970, 11. Aufl., München 1976.

Larenz: Der Vermögensbegriff im Schadensersatzrecht, Festschrift für Hans Carl Nipperdey Band I, 1965, S. 489 ff.
— Nutzlos gewordene Aufwendungen als erstattungsfähige Schäden, Festgabe für Karl Oftinger, 1969, S. 151 ff.
— Entscheidungsanmerkung, AP Nr. 7 zu § 249 BGB.
— Präventionsprinzip und Ausgleichsprinzip im Schadensersatzrecht, NJW 1959, 865 f.
— Zur Abgrenzung des Vermögensschadens vom ideellen Schaden, VersR 1963, 312 ff.

Lieb: „Wegfall der Arbeitskraft" und normativer Schadensbegriff, JZ 1971, 358 ff.

Löwe: Schadensersatz bei Nutzungsentgang von Kraftfahrzeugen, VersR 1963, 307 ff.
— Gebrauchsmöglichkeit einer Sache als selbständiger Vermögenswert?, NJW 1964, 701 ff.

Loewenheim: Schadensersatz in Höhe der doppelten Lizenzgebühr bei Urheberrechtsverletzungen?, JZ 1972, 12 ff.
— Möglichkeiten der dreifachen Berechnung des Schadens im Recht gegen den unlauteren Wettbewerb, ZHR 135 (1971), 97 ff.

Lubitz: Nutzungsausfallentschädigung bei Unterlassen der Reparatur, NJW 1976, 322 f.

Maase: Kein Schadensersatz in Geld für Nutzungsausfall eines beschädigten Pkw, VersR 1961, 394 ff.

Mammey: Schadensersatz für entgangene Urlaubstage, NJW 1969, 1150 ff.

Martens: Entscheidungsanmerkung, NJW 1968, 1778 f.

Medicus: Bürgerliches Recht, 6. Aufl., Köln—Berlin—Bonn—München 1973; 7. Aufl., Köln—Berlin—Bonn—München 1975.
— Entscheidungsanmerkung, SchlHA 1964, 283 f.

Mertens: Der Begriff des Vermögensschadens im Bürgerlichen Recht, Stuttgart—Berlin—Köln—Mainz 1967.
— Ein Kind als Schadensfall?, FamRZ 1969, 251 ff.

Neumann: Der Zivilrechtsschaden, JherJahrb. 86 (1936/37), 277 ff.

Neumann-Duesberg: Zum Begriff des Vermögensschadens, DB 1956, 887 f.
— Ansprüche des Eigentümers gegen den Mieter wegen unberechtigter Untervermietung, BB 1965, 729 ff.

Neuner: Interesse und Vermögensschaden, AcP 133 (1931), 277 ff.

Neuwald: Der zivilrechtliche Schadensbegriff und seine Weiterentwicklung in der Rechtsprechung, Diss. München 1968.

Niederländer: Schadensersatz bei Aufwendungen des Geschädigten vor dem Schadensereignis, JZ 1960, 617 ff.

von Nitzsch: Zur Rechtsprechung über den Schadensersatz bei Entzug der Gebrauchsvorteile von Kraftfahrzeugen, DAR 1964, 154 ff.

Nörr: Zum Ersatz des immateriellen Schadens nach geltendem Recht, AcP 158 (1959/60), 1 ff.

Nüssgens: Im Spannungsfeld zwischen Erweiterung und Begrenzung der Haftung (Entwicklungslinien in der Rechtsprechung des VI. Zivilsenats), 25 Jahre Bundesgerichtshof, 1975, S. 93 ff.

Palandt / Bearbeiter: Bürgerliches Gesetzbuch, 36. Aufl., München 1977.

Pecher: Der Anspruch auf Genugtuung als Vermögenswert, AcP 171 (1971), 44 ff.

Pfretzschner: Entscheidungsanmerkung, LM Nr. 17 a zu § 249 (A) BGB.

Reinecke: Schaden und Interesseneinbuße. Beiträge zu einer Schadens- und Schadensersatzordnung, Berlin 1968.

Reinicke: Buchbesprechung (Palandt, Bürgerliches Gesetzbuch, 24. Aufl., 1965), NJW 1965, 385 f.

RGRK / Bearbeiter: Kommentar der Reichsgerichtsräte zum BGB, I. Band 2. Teil, §§ 241 - 432, 11. Aufl., Berlin 1960.

Rother: Haftungsbeschränkung im Schadensrecht, München—Berlin 1965.

Sanden / Danner: Tabellen zur Nutzungsentschädigung, VersR 1976, 972 ff.
— Nutzungsentschädigung für Krafträder, VersR 1976, 513 ff.

Schmidt, Eike: Grundlagen des Vertrags- und Schuldrechts, in: Ahtenäum-Zivilrecht I, Frankfurt 1972.
— Normzweck und Zweckprogramm, Dogmatik und Methode, Josef Esser zum 65. Geburtstag, Kronberg 1975, S. 139 ff.

Schmidt, Gerhard: Der verletzte Familiengesellschafter, VersR 1965, 320 f.

Schmidt, Hans Wolfgang: Entscheidungsanmerkung, NJW 1962, 2205 f.

Schmidt, Jürgen: Aktionsberechtigung und Vermögensberechtigung, Diss. Saarbrücken 1969.
— Vorsorgekosten und Schadensbegriff, JZ 1974, 73 ff.
— Entscheidungsanmerkung, NJW 1976, 1932 f.

Schmidt-Salzer: Der Anspruch auf Zahlung eines Nutzungsentgelts wegen entgangener Gebrauchsvorteile, BB 1970, 55 ff.

Schütz: Mietwagenkosten und Nutzungsentgang, VersR 1969, 124 ff.

Selb: Schadensbegriff und Regreßmethoden. Eine Studie zur Wandlung der Denkformen des Regresses bei Schuldnermehrheit mit der Veränderung des Schadensbegriffes, Heidelberg 1963.
— Individualschaden und soziale Sicherung, Karlsruher Forum 1964, S. 3 ff.

Sieg: Schadensersatz und Versorgung, JZ 1954, 337 ff.

Soergel / Bearbeiter: Kommentar zum Bürgerlichen Gesetzbuch, 10. Aufl., Band 2, §§ 241 - 610, Stuttgart—Berlin—Köln—Mainz 1967; Band 3, §§ 611 bis 853, Stuttgart—Berlin—Köln—Mainz 1969.

von Staudinger / Bearbeiter: Kommentar zum Bürgerlichen Gesetzbuch II. Band Teil 1 c §§ 249 - 327, 10./11. Aufl., Berlin 1967.

Steindorff: Abstrakte und konkrete Schadensberechnung, AcP 158 (1959/60), 431 ff.
— Entscheidungsanmerkung, JZ 1967, 361 ff.

Stoll: Begriff und Grenzen des Vermögensschadens, Karlsruhe 1973.
— Abstrakte Nutzungsentschädigung bei Beschädigung eines Kraftfahrzeugs? — BGHZ 45, 212, JuS 1968, 504 ff.
— Empfiehlt sich eine Neuregelung der Verpflichtung zum Geldersatz für immateriellen Schaden? Gutachten für den 45. DJT, München—Berlin 1964.
— Entscheidungsanmerkung, JZ 1971, 593 ff.
— Entscheidungsanmerkung, JZ 1975, 252 ff.
— Entscheidungsanmerkung, JZ 1976, 281 ff.

Sumera: Ist eine potentielle Gebrauchsmöglichkeit eines Rechts ein selbständiger Vermögenswert?, NJW 1964, 1841 f.

Thiele: Die Aufwendungen des Verletzten zur Schadensabwehr und das Schadensersatzrecht, Festschrift für Wilhelm Felgentraeger, 1969, S. 393 ff.
— Entscheidungsanmerkung, SAE 1968, 81 ff.

Tolk: Entscheidungsanmerkung, JZ 1975, 530 ff.

Trinkner: Entscheidungsanmerkung, BB 1967, 162 f.

von Tuhr: Der Allgemeine Teil des Deutschen Bürgerlichen Rechts, 1. Band, Leipzig 1910.
— Buchbesprechung (Fischer, Hans Albert, Der Schaden nach dem BGB, Jena 1903), KritVJSchrift 47 (1907), 63 ff.

Venzmer: Kausalität und Schadensersatz bei Nutzungsentgang, VersR 1963, 795 ff.
— Schadensberechnung und „gegliederter Schadensbegriff", NJW 1963, 749 f.

Weimar, Robert: Probleme bei der Erstattung von Mietwagenkosten, VersR 1962, 400 ff.

Weimar, Wilhelm: Nochmals: Kein Schadensersatz in Geld für Nutzungsausfall eines beschädigten Pkw, VersR 1961, 587 f.

Werber: Nutzungsausfall und persönliche Nutzungsbereitschaft, AcP 173 (1973), 158 ff.

Westermann, Harry: Sachenrecht, Nachdruck der 5. Aufl., Karlsruhe 1973.

Weychardt: Wandlungen des Schadensbegriffes in der Rechtsprechung, Diss. Frankfurt 1965.
— Zum Schadensersatzanspruch bei Benutzung oder Entzug fremder Nutzungsmöglichkeiten, DB 1966, 609 ff.

Weyers: Unfallschäden. Praxis und Ziele von Haftpflicht- und Vorsorgesystemen, Frankfurt 1971.

Wiedemann: Bericht über die Tagung der Zivilrechtslehrer in Baden-Baden am 17. und 18. Oktober 1963, AcP 163 (1964), 424 ff.

Wiese: Der Ersatz des immateriellen Schadens, Tübingen 1964.

Wilburg: Zur Lehre von der Vorteilsausgleichung, JherJahrb. 82 (1932), 51 ff.

Winter: Einige Entwicklungslinien des neueren Schadensersatzrechts, VersR 1967, 334 ff.

Wolf, Ernst: Grundfragen des Schadensbegriffs und der Methode der Schadenserkenntnis, Festschrift für Gerhard Schiedermair, 1976, S. 545 ff.

Wollschläger: Schadensersatzhaftung von Ladendieben, NJW 1976, 12 ff.

Wussow: Das Unfallhaftpflichtrecht, 12. Aufl., Köln—Berlin—Bonn—München 1975.

Zeuner: Schadensbegriff und Ersatz von Vermögensschäden, AcP 163 (1964), 380 ff.

— Gedanken zum Schadensproblem, Gedächtnisschrift für Rolf Dietz, 1973, S. 99 ff.

Anhang

Verzeichnis der wichtigsten erörterten Entscheidungen

Bei der nachfolgenden Liste der wichtigsten Entscheidungen mit Datum, Fundstelle und Stichwort wird jeweils am Ende auf die Seitenzahlen der Arbeit verwiesen, auf denen die Entscheidung behandelt ist.

Kraftfahrzeug-Nutzungsausfall

BGH	Urt. v. 30. 9.1963	BGHZ 40, 345	Nutzungsausfall I	21, 23, 27, 42, 48f, 51, 53
BGH	Urt. v. 15. 4.1966	BGHZ 45, 212	Nutzungsausfall II	21, 23, 27, 36, 44, 48, 50, 53, 63
BGH	Urt. v. 7. 6.1968	NJW 1968, 1778	Fühlbarkeit I	24, 37
BGH	Urt. v. 17. 3.1970	NJW 1970, 1120	Komfortverlust	22f, 25, 38f, 41, 50, 56, 95
BGH	Urt. v. 18. 5.1971	BGHZ 56, 214	Entschädigungshöhe	23, 41f, 48, 51, 101f
BGH	Urt. v. 16.10.1973	NJW 1974, 33	Fühlbarkeit II	22, 24, 27, 38f, 41, 45, 48
BGH	Urt. v. 31.10.1974	BGHZ 63, 203	Führerscheinentzug	44
BGH	Urt. v. 28. 1.1975	NJW 1975, 922	Fühlbarkeit III	22, 24, 48
BGH	Urt. v. 23. 3.1976	BB 1977, 116	Fühlbarkeit IV	37
OLG Nürnberg	Urt. v. 29. 4.1969	DAR 1969, 300	Verzugsschaden II	95, 120
OLG Saarbrücken	Urt. v. 7. 4.1965	DAR 1965, 299	Verzugsschaden I	70, 95, 120
LG Bremen	Urt. v. 26. 2.1968	VersR 1968, 907	Motorrad I	50
AG Kiel	Urt. v. 15.10.1973	VersR 1975, 387	Motorrad II	50

Entgangene oder beeinträchtigte anderweitige Sachnutzung

BGH	Urt. v. 11. 7.1963	NJW 1963, 2020	Clubhaus	61, 63, 101, 107, 109, 116
BGH	Urt. v. 14. 6.1967	NJW 1967, 1803	Nutzungsausfall-Haus I	62f, 109, 116
BGH	Urt. v. 15.12.1970	BGHZ 55, 146	Jagdpacht I	44, 63
BGH	Urt. v. 12. 2.1975	BGHZ 63, 393	Pelzmantel II	45, 49ff, 56, 59f, 65, 67, 95, 117
BGH	Urt. v. 14. 5.1976	NJW 1976, 1630	Verzugsschaden-Haus II	55, 65f, 67f, 95, 119
BayObLG	Urt. v. 22. 1.1965	NJW 1965, 973	Grundwasserentzug	106f
OLG Colmar	Urt. v. 26. 9.1907	Soergel Rspr. 1907 Nr. 1 zu § 253 BGB	Heizungsausfall-Villa	30, 50, 109

Entscheidungen 133

OLG Dresden	Urt. v. 6.12.1902	Ann. d. Kgl. Sächs. OLG 24, 527	Reitpferd	50
OLG Düsseldorf	Urt. v. 13. 7.1972	NJW 1973, 659	Nutzungsausfall-Haus II	63f
HansOLG Hamburg	Urt. v. 24. 5.1973	MDR 1973, 847	Pelzmantel I	50, 59f
KG	Urt. v. 17.11.1966	NJW 1967, 1233	Verzugsschaden-Haus I	62f, 67, 95
KG	Urt. v. 15. 5.1972	MDR 1972, 778	Motorboot	50, 56ff, 93
OLG Köln	Urt. v. 19.12.1972	OLGZ 1973, 7	Jagdtrophäe	94, 111
OLG Köln	Urt. v. 13.11.1973	NJW 1974, 560	Schwimmhalle	50, 56, 64, 67, 93, 95
OLG Oldenburg	Urt. v. 11.10.1968	VersR 1969, 527	Jagdpacht II	63, 67, 107, 109
LG Kiel	Urt. v. 8. 4.1971	SchlHA 1973, 33	Segelyacht	50, 56ff, 67, 93, 107, 109, 116
AG Iserlohn	Urt. v. 4. 6.1965	VersR 1965, 1212	Tonbandgerät	50, 55f, 67, 95

Entgangene Urlaubsfreude

BGH	Urt. v. 7. 5.1956	NJW 1956, 1234	Seereise	70, 72, 80, 109, 114
BGH	Urt. v. 22. 2.1973	BGHZ 60, 214	unverwirklichte Pläne	70, 72, 77, 114
BGH	Urt. v. 10.10.1974	BGHZ 63, 98	Rumänienreise	49, 51, 72ff, 78ff, 87, 93, 95f, 114, 122
OLG Frankfurt	Urt. v. 17. 2.1967	NJW 1967, 1372	besetzte Unterkunft	70, 73f, 77, 95, 122
KG	Urt. v. 20. 6.1968	OLGZ 1969, 17	Mehrbettzimmer	70, 72f, 77, 95, 122
KG	Urt. v. 10.10.1969	NJW 1970, 474	Kuraufenthalt	70, 73f
KG	Urt. v. 12. 7.1971	MDR 1971, 1007	Lärm I	70, 73f, 95
OLG Köln	Urt. v. 17. 1.1973	NJW 1973, 1083	Lärm II	73f, 95, 122
LG Freiburg	Urt. v. 24. 5.1972	NJW 1972, 1719	unfallbedingte Urlaubsverkürzung	70, 72, 76, 122
LG Köln	Urt. v. 11. 5.1966	MDR 1966, 758	Ferienlager	70, 72, 76, 122

Arbeitsausfall und Zeitverlust

BGH	Urt. v. 25. 9.1962	BGHZ 38, 55	Hausfrau I	87
BGH	Urt. v. 5. 2.1963	NJW 1963, 1051	Gesellschafter I	54, 85
BGH	Urt. v. 30. 6.1964	BGHZ 42, 76	Lohnfortzahlung I	84
BGH	Urt. v. 6.10.1964	FamRZ 1965, 40	Gesellschafter II	54, 86, 112
BGH	Urt. v. 27. 4.1965	BGHZ 43, 378	Lohnfortzahlung II	34, 84f
BGH	Urt. v. 13. 6.1967	VersR 1967, 903	Erfinder	86
BGH	Urt. v. 9. 7.1968	BGHZ 50, 304	Hausfrau II	34, 87
BGH	Urt. v. 5. 5.1970	BGHZ 54, 45	Unternehmer	34, 50, 76, 86, 112
BGH	Urt. v. 9. 3.1976	NJW 1976, 1256	Personalkosten I	82f
BGH	Urt. v. 31. 5.1976	NJW 1977, 35	Personalkosten II	83
BGH	Urt. v. 2.12.1976	NJW 1977, 961	Hausfrau III	87
BGH	Urt. v. 29. 4.1977	NJW 1977, 1446	Architekt II	86
BAG	Urt. v. 24. 8.1967	NJW 1968, 221	Arzthelferin	78, 88ff
BAG	Urt. v. 24. 4.1970	JZ 1971, 380	Filialleiter	88
BAG	Urt. v. 27. 1.1972	NJW 1972, 1437	Monteur	88ff
OLG Frankfurt	Urt. v. 6. 4.1976	NJW 1976, 1320	Freizeitverlust	78, 82, 95, 97
OLG Köln	Urt. v. 11. 6.1970	MDR 1971, 215	Architekt I	86
OLG Nürnberg	Urt. v. 19. 2.1976	VersR 1977, 63	Zahnarzt	86
LAG Frankfurt	Urt. v. 5. 7.1966	NJW 1967, 1103	Vertragsbruch I	88ff
LAG Schleswig-Holstein	Urt. v. 13. 4.1972	BB 1972, 1229	Vertragsbruch II	27, 88ff
LG Hagen	Urt. v. 6.12.1962	NJW 1963, 765	Fahrlehrer	78f

Printed by Libri Plureos GmbH
in Hamburg, Germany